William Walker Atkinson

Edward E. Beals

PERSONAL POWER – Band III

DIE KRAFT DES VERLANGENS

IHRE ENERGETISIERENDEN KRÄFTE

1922

D1734441

PERSONAL POWER – Band III

DIE KRAFT DES VERLANGENS

IHRE ENERGETISIERENDEN KRÄFTE

1922

William Walker Atkinson

1862 – 1932

Edward E. Beals

Bibliografische Information der Deutschen Nationalbibliothek: Die Deutsche Nationalbibliothek verzeichnet diese Publikation in der Deutschen Nationalbibliografie; detaillierte bibliografische Daten sind im Internet über dnb.dnb.de abrufbar.

© 2021 Tobias Rauber

Autoren: 1922 William Walker Atkinson und Edward E. Beals

Übersetzer: 2021 Tobias Rauber

Herstellung und Verlag:

BoD – Books on Demand, Norderstedt

ISBN: 978-37543-03573

INHALTSVERZEICHNIS

EPIGRAPH

"Verlangen ist das Wesen des Menschen, aus dem unvermeidlich all die Dinge hervorgehen, die dazu neigen, ihn zu bewahren."

– Spinoza –

I EMOTIVE KRAFT

Die Kraft des Verlangens ist eine der vielen Phasen der persönlichen Kraft – jener persönlichen Kraft, die in und durch das Individuum aus jener grossen Quelle der Allmacht Aller Dinge fliesst, die in dieser Unterweisung als KRAFT bezeichnet wird.

Sie erschaffen keine eigene persönliche Kraft jeglicher Art, obwohl Sie sie modifizieren, anpassen, entwickeln und leiten können. KRAFT, die Quelle der Allmacht, hat es immer gegeben und wird es immer geben. Sie generieren persönliche Kraft, indem Sie sich auf die grosse Quelle und den Ursprung der Allmacht stützen; indem Sie Ihre natürlichen Kanäle für ihren Zustrom öffnen; und indem Sie sie mit dem richtigen physischen und mentalen Mechanismus versorgen, mit dem sie in die Lage versetzt wird, sich effizient auszudrücken und zu manifestieren.

Es gibt in Wirklichkeit nicht viele verschiedene Arten persönlicher Kraft – obwohl es viele Formen und Phasen ihres Ausdrucks und ihrer Manifestationen gibt. So wie durch die Stromversorgung der entsprechenden Geräte Elektrizität in Licht, Wärme, Energie, Antriebskraft, Television, Telefonie und drahtlose Datenübertragung umgewandelt wird, so wird auch Ihre Persönliche Kraft in mentale Kraft und physische Kraft umgewandelt; in Denkkraft, Fühlkraft und Willensstärke; aufgrund der verschiedenen ihr zur Verfügung stehenden Ausdrucks- und Bekundungswege.

Persönliche Kraft manifestiert sich entlang der Linien der mentalen Aktivität in drei grossen Formen, nämlich entlang der jeweiligen Kanäle von (1) Fühlen, (2) Denken und (3) Wollen. Diese drei Kanäle sind jedoch nicht absolut getrennt und voneinander separiert, sondern haben im Gegenteil viele Kreuzungs- und Verbindungslinien oder Interkommunikationskanäle; ihre Aktivitäten sind eng koordiniert. Dementsprechend finden wir in praktisch allen Fällen der mentalen

Aktivität die Koordination und Vermischung der Aktivität dieser grossen Phasen der mentalen Aktivität.

Verlangen ist die höchste Welle der Gewässer von Gefühl oder Emotion. Gefühl ist "die angenehme oder unangenehme Phase eines mentalen Zustandes". Emotion ist eine komplexe Form des Fühlens, in die das Element der repräsentativen Vorstellungen von Erinnerung oder Imagination eingearbeitet ist. Verlangen ist der starke Drang oder Druck der Emotion in Richtung einer Idee oder eines Objekts, das emotionale Zufriedenheit und Behagen verspricht; oder weg von einer Idee oder einem Objekt, von welchem emotionale Unzufriedenheit oder Unbehagen droht. Wenn der emotionale Drang ausreichend stark wird, entwickelt das Verlangen eine willentliche Aktivität, d. h. eine Aktivität, die zur Willenshandlung im Sinne der Befriedigung und Entsprechung des Verlangens neigt. Auf der einen Seite entspringt das Verlangen aus der Emotion, auf der anderen Seite entwickelt sich das Verlangen zur Konation – und die Konation ist die elementare aktive Phase des Willens.

Bevor Sie erwarten können, die Natur des Verlangens, seine Gesetze, die Prinzipien seiner Entwicklung und Anwendung zu verstehen, müssen Sie zuerst etwas über die allgemeine Form der mentalen Aktivität wissen, deren höchste und aktivste Phase es ist, d. h. die als Emotion bekannte mentale Aktivität.

Emotion ist definiert als: "Eine Erregung der Gefühle, ob angenehm oder unangenehm"; Gefühl, als "die angenehme oder unangenehme Seite eines mentalen Zustandes". Gefühl kann als "ein einfacher emotionaler Zustand" beschrieben werden; und Emotion kann als "ein komplexer Zustand des Gefühls" beschrieben werden – der Unterschied ist eine Frage des Ausmasses und nicht der Art. Emotion hingegen hat Vorstellung beigemengt – Erinnerungen an frühere Erfahrungen, die durch Rückbesinnung oder Instinkt vermittelt werden (der letztere berichtet aus den Menschheitserinnerungen). Das Gefühl (einfach) kann aus einer rein körperlichen Ursache entstehen, und es kann keine bestimmte Vorstellung daran beteiligt sein. Aber Emotion (komplex) erfordert die Anwesenheit und den Einfluss einer repräsentativen

Vorstellung, um sie zu steuern und über das Stadium des einfachen Fühlens hinaus fortzusetzen.

Ein führender Lehrer der Psychologie veranschaulichte seinen Schülern diese Unterscheidung, indem er ihr Augenmerk auf die Analogie der Verbindung des Oberen Mississippi Stroms mit dem Missouri richtete. Er stellte sich den Missouri als einen Strom von repräsentativen Vorstellungen vor, und den Oberen Mississippi als einen Strom von einfachem Gefühl, das aus Sinneseindrücken entsteht. Die beiden Ströme treffen aufeinander; ihre Gewässer verbinden sich und bilden zusammen den komplexen Unteren Mississippi der Emotion, der jetzt in den Golf des Verlangens und Willens fliesst. Der Lehrer ermahnte seine Schüler jedoch immer dazu, sich daran zu erinnern, dass diese Illustration nur der Zweckmässigkeit halber verwendet wurde: Denn Gefühl und Vorstellung sind im Kopf nie so weit auseinander (vor der Kreuzung) wie die Gewässer der beiden Flüsse.

Die höchsten Aktivitäten von Gefühl und Emotion sind jeweils als Zuneigung und Verlangen bekannt.

Zuneigung ist definiert als: "Eine emotionale Anziehungskraft des Mind auf eine Person oder Sache, die selbst bei Abwesenheit dieser Person oder Sache nicht unbedingt abklingt." In ihrem latenten Zustand kann Zuneigung als "Disposition oder Tendenz zu einer Person oder Sache" bezeichnet werden. In ihrem aktiven Zustand kann sich die Zuneigung besonders in der Gegenwart ihres Objekts als Leidenschaft manifestieren. Der Begriff wird in der Regel verwendet, um den Zustand des emotionalen Gefühls gegenüber Personen zu bezeichnen, aber er wird auch in Verbindung mit allem, was dazu fähig ist Aufmerksamkeit zu erregen, richtig verwendet. Auch die Zuneigung hat ihren negativen Aspekt; in diesem Aspekt ist die Disposition oder Tendenz die des vom Objekt oder der Person, die das emotionale Gefühl erweckt, Wegziehens anstatt die des zu ihm oder ihr Hinziehens. Positive Zuneigung entsteht durch Anziehung; negative Zuneigung entsteht durch Abstossung. Zuneigung setzt sich also aus den folgenden beiden Elementen zusammen, nämlich (1) dem Emotionalen Gefühl und (2) der Tendenz oder Disposition, vom Objekt, welches das emotionale Gefühl weckt, angezogen zu werden (oder von ihm abgestossen zu werden).

Verlangen ist eine komplexere und aktivere Phase des emotionalen Empfindens als es Zuneigung ist. Das Verlangen verbindet und beinhaltet das Element der Zuneigung, aber es geht über das letztere hinaus. Es kann definiert werden als: "Der starke Wunsch oder die Neigung, das Objekt, das es angezogen hat, zu erlangen, zu sichern, zu erreichen oder zu behalten, zu halten und zu besitzen; oder von dem Objekt, das es abgewiesen hat, wegzugehen, ihm zu entkommen oder frei von ihm zu sein." Das Verlangen streckt sich immer nach dem Objekt der positiven Zuneigung aus oder zieht sich von dem Objekt der negativen Zuneigung zurück. Die Zuneigung wird einfach von ihren Objekten angezogen oder abgestossen; das Verlangen nimmt die Aufgabe an, wo die Zuneigung sie fallen lässt, und möchte dann das Objekt festhalten, es besitzen oder erlangen oder (in seinem negativen Aspekt) dieses Objekt meiden oder ihm entkommen. Zuneigung (in ihrer positiven Phase) liebt das Objekt; Verlangen (in seiner positiven Phase) liebt es nicht nur, sondern "will" es auch und ist ohne seine Erlangung oder seinen Besitz nicht zufrieden: Beachten Sie diese Unterscheidung, denn sie ist wichtig für die Anwendung des Grundprinzips von Verlangen.

Die Kraft, die der Emotion innewohnt, wird durch den Begriff, der sie bezeichnet, angezeigt. Der Begriff "Emotion" leitet sich vom lateinischen Begriff "Emotio" ab, der "ein Ausrücken" bedeutet. Der letztgenannte Begriff wiederum wurde aus dem lateinischen Präfix "e", das "aus" bedeutet, und dem Verb "moveo", das "sich bewegen" bedeutet, abgeleitet. Die Essenz und der Geist des Begriffs, ist die der "Bewegung", der Motion, der Aktivität, wie sein Ursprung zeigt. Es ist bezeichnend, dass das gleiche lateinische Verb "moveo", das uns mit unserem englischen Begriff "Emotion" versorgt, uns auch mit unserem englischen Begriff "Motion" versorgt. Beide Begriffe bedeuten "sich bewegen"; das "e" in "Emotion" bedeutet speziell "Auswärtsbewegung; sich nach aussen bewegen". So dass Motion und Emotion in Ursprung und Bedeutung eng miteinander verbunden sind.

Motive Kraft und Emotive Kraft sind letztendlich nur Formen und Phasen derselben Sache – einige Philosophen behaupten sogar, dass sie in ihrem wesentlichen Prinzip eins sind.

Zu viele Menschen sind der Gewohnheit verfallen, Emotionen zu unterschätzen und sich eher für ihre Präsenz und Bekundung in sich und durch sie zu entschuldigen. Sie versuchen, ihr einen untergeordneten Platz in der Dreieinigkeit des Mind zu geben und die koordinierten Elemente des Denkens und des Wollens darüber zu erheben. Dies vor allem, weil der Begriff "emotional" bestimmten unattraktiven Phasen emotionaler Aktivität zugeordnet und damit in Verbindung gebracht wird; wie z.B. die krankhafte Sentimentalität, Gefühlsduselei, "schnulzige Überschwänglichkeit" und neurotisch-hysterische Hyperemotionalität, die von bestimmten Personen manifestiert wird, die als "ziemlich emotional" gelten. Das Abnormale wurde mit dem Normalen – der morbide mit dem natürlichen und gesunden Zustand verwechselt.

Emotion beinhaltet nicht nur einige der reichsten und edelsten Elemente unserer mentalen und spirituellen Wesensart, sondern auch vieles, was von praktischem pragmatischem Wert für unsere tägliche Arbeit und Aktivität ist. Sie manifestiert ihre Präsenz nicht nur in den Erfahrungen und Aktivitäten, die wir normalerweise in die Kategorie "seelische Dinge" einbeziehen, sondern sie spielt auch eine ganz wichtige Rolle bei den Aktivitäten des Intellekts und des Willens. Tatsächlich veranschaulicht Emotion die Angemessenheit des Begriffs E-Motion, indem sie sowohl dem Intellekt als auch dem Willen Bewegung und Aktivität verleiht. Das in seinem Namen implizite Versprechen wird in seiner tatsächlichen Erfüllung abgeleistet.

Emotion beinhaltet in seiner Kategorie das, was das Herz des Menschen erregt und ihn dazu bewegt, die feinen Kräfte der Zuneigung, Liebe und Freundschaft zu manifestieren. Es enthält in seinem Reich die Verlangen, die ihn auf dem Weg des Lebens nach vorne drängen und seinen Blick auf das Siegesbanner richten, das weit vor den Pforten der Zukunft steht. Die Emotion liegt viel näher am Herzen und näher an den Quellen menschlichen Handelns als der Intellekt, wie grossartig auch immer die Errungenschaften des letzteren sein mögen, und sie spielt eine sehr wichtige Rolle bei der Bestimmung des Charakters des Individuums. Während wir die Tugenden des Intellekts preisen, sollten wir die Tugenden des Emotionalen nicht ignorieren oder unterschätzen. Der Mensch lebt nicht nur vom Intellekt: Emotionen müssen vorhanden sein, um dem Körper der Persönlichen Kraft Geist und Seele hinzuzufügen.

Der Mensch hat sowohl ein Herz als auch einen Kopf. Tatsächlich spielt das Herz eine grössere Rolle als der Kopf in den Handlungen der Menschheit als Ganzes. Rauben Sie dem menschlichen Handeln die Inspiration des Herzens, und Sie haben nur ein kaltes mechanisches Produkt zurückgelassen. Entfernen Sie Emotionen aus dem menschlichen Leben, und Sie werden die Quelle seiner grössten Schönheiten und seines grössten Charmes weggenommen haben. Der Mensch der Persönlichen Kraft hat Intellekt, Emotion und Willen gut ausgewogen – das begründet die Balance von Gelassenheit und Kraft. Intellekt ist nicht zu unterschätzen; der Wille ist mit Respekt und Bewunderung zu betrachten; aber Emotion wird als die Essenz des Lebens und die Seele der beiden anderen Elemente und des Individuums als Ganzes gesehen. Das alte Sprichwort drückt es gut aus: "Behüte dein Herz mit aller Sorgfalt, den aus ihm entspringen die Belange des Lebens."

Aber, was noch wichtiger ist, zumindest im Falle der praktischen Menschen der Welt, die eventuell diese Worte lesen, ist die Tatsache, dass in der Emotion eine praktische Phase der persönlichen Kraft zu finden ist – eine Kraft oder Energie, die es den Menschen ermöglicht, Dinge zu erlangen, zu erreichen, zu reüssieren, erfolgreich zu sein, Dinge zu tun, die der Mühe wert sind. Es ist eine der Tragödien unseres modernen Bildungssystems, dass, während die grösste Aufmerksamkeit der Ausbildung "des Kopfes" gewidmet wird, die Ausbildung "des Herzens" praktisch vernachlässigt wird. Es wird im Allgemeinen als sehr praktisch und dem gesunden Menschenverstand entsprechend angesehen, den Intellekt zu trainieren und zu kultivieren; aber auf die

Erwünschtheit von Training und Kultivierung der Emotionen hinzuweisen, öffnet normalerweise sogar den Vorwurf, "unpraktisch und visionär" zu sein. Erst wenn den Menschen die wichtige Rolle der Emotion bei allen Aktivitäten von Intellekt und Willen gezeigt wird, werden sie ernsthaft auf die Vorschläge hören, dass der Emotion im Bildungsbereich Aufmerksamkeit geschenkt werden sollte.

Wie alle Psychologen jedoch wissen, wird der Intellekt von Emotionen beeinflusst, geführt, gesteuert und oft vollständig kontrolliert. Viele der grössten intellektuellen Triumphe des Menschen sind das Ergebnis der Antriebskraft von Emotion. Darüber hinaus hat der Wille seine Wurzeln in der Emotion; die Motive, die den Wille zum Handeln bewegen, ergeben sich immer aus der Emotion. Dies sind nicht nur allgemeine oder leichtfertige Aussagen, die das Argument untermauern, sondern im Gegenteil, drücken sie die eiskalten, knallharten Fakten der wissenschaftlichen Psychologie aus. Die Tatsache, dass solche Aussagen für Sie eventuell neu sind, ist nur ein weiterer Beweis für die öffentliche Vernachlässigung dieses wichtigen Themas.

Ribot legt in der folgenden Erklärung geschickt die Schlussfolgerungen jener Philosophen, Psychologen und Physiologen dar, die behaupten, dass Emotionales Empfinden der grundlegendste Aspekt des Lebens aller bewussten Geschöpfe ist und dass es der Phase des Intellekts auf der Skala der evolutionären Entwicklung zugrunde liegt; dass es in der Tat den Kern von Leben und Verstand bildet, da diese sich in lebendigen Formen manifestieren. Er sagt:

"Was den Platz der Gefühle im gesamten psychischen Leben betrifft, so möchte ich sagen, dass dieser an erster Stelle steht. Die Gefühle, die zuerst auftauchen, sind klar, dass sie nicht abgeleitet werden können und kein Modus oder eine Funktion des Intellekts sind, da sie in sich selbst existieren und nicht reduzierbar sind: so ausgedrückt, ist die Frage einfach und ganz offensichtlich. Die physiologischen Beweise für die Priorität der Gefühle müssen nur noch in Erinnerung gerufen werden; alles konzentriert sich auf einen Punkt: organisches vegetatives Leben erscheint immer und überall vor dem Tierleben; Physiologen wiederholen ständig, dass das Tier auf das ihm vorausgehende Gemüse aufgepfropft ist.

"Das organische Leben wird direkt durch die Bedürfnisse und Appetite ausgedrückt, die der Stoff des affektiven Lebens sind. Die Myriaden von Tieren sind nur Bündel von Bedürfnissen, ihre Psychologie besteht in der Suche nach Nahrung, in der Verteidigung, in der Vermehrung; aber selbst wenn sie von Aussenwelt ausgeschlossen sind, ist das Verlangen in ihnen nicht weniger intensiv. Auch im Menschen ist das Leben des Fötus und das der ersten Monate nach der Geburt ähnlich: fast gänzlich aus gesättigten oder unbefriedigten Bedürfnissen bestehend und damit aus Freuden und Schmerzen. Aus rein physiologischer Sicht erscheint der Intellekt nicht als Meister, sondern als Diener.

"Die psychologischen Beweise sind nicht schwer zu liefern, und tatsächlich wurden sie von Schopenhauer bereits so brillant und vollständig präsentiert, dass es eine mutige Aufgabe wäre, sie neu zu präsentieren. Für Schopenhauer ist "zu Wollen" das Verlangen, das Streben, das Flüchten, das Hoffen, das Fürchten, das Lieben, das Hassen: mit einem Wort, alles, was direkt unser Wohl und unser Unwohl, unser Vergnügen und unseren Schmerz ausmacht. Der Wille (im Sinne von Schopenhauer) ist universell. Die Grundlage des Bewusstseins in jedem Tier ist Verlangen. Diese grundlegende Tatsache wird in den Impuls zur Erhaltung von Leben und Wohlbefinden und zur Fortpflanzung umgesetzt. Dieses Fundament ist dem Polypen und dem Menschen gemein. Die Unterschiede zwischen den Tieren sind auf einen Unterschied im Wissen zurückzuführen: Während wir in der Folge hinabsteigen, wird die Intelligenz schwächer und unvollkommener, aber es gibt keine ähnliche Degradierung im Verlangen. Das kleinste Insekt will das, was es verlangt, so vollständig wie der Mensch.

"Verlangen-Wille ist immer gleichwertig in sich selbst. Er ist von grundlegender Bedeutung. Es ist eine Tatsache, die jeder Intelligenz vorausgeht und von ihr unabhängig ist. Es ist die Grundlage des Charakters: 'Der Mensch ist im Herzen versteckt und nicht im Kopf'. Seine Macht ist souverän. Es ist nicht die Vernunft, die das Verlangen benutzt, sondern das Verlangen, das die Vernunft benutzt, um seine Ziele zu erreichen. Unter dem Einfluss des intensiven Verlangens erhebt sich der Intellekt manchmal zu einem Grad an Kraft, von dem niemand glauben würde, dass er dazu fähig ist. Verlangen, Liebe und Angst machen den stumpfsinnigsten Verstand luzide. Verlangen, geleitet von Erfahrung, beruht auf erprobtem Genuss und Schmerz, den einen suchend den anderen vermeidend. Der Impuls ist die ursprüngliche Tatsache im Leben der Gefühle. Spinoza fasst den ganzen Geist der Frage in seinem Text zusammen: 'Das Verlangen ist die Essenz des Menschen, aus der zwingendermassen all die Dinge hervorgehen, die dazu neigen, ihn zu erhalten'. "

Tatsächlich haben es die Philosophen sogar gewagt zu spekulieren, dass ebenso wie das Verlangen-Fühlen die Essenz und der Kern des Lebens des Einzelnen ist, so muss ein kosmisches Verlangen-Fühlen als die Essenz und der Kern des Kosmos – der All-Natur – postuliert werden; in all ihren Erscheinungsformen und Ausdrucksformen, sowohl anorganisch als auch organisch. In die gleiche Richtung gehen jene metaphysischen Vorstellungen von der Unendlichen Kraft oder dem Unendlichen Wesen, die notwendigerweise das Verlangen-Fühlen als Attribut haben; denn sonst wird gefragt, wie können wir uns vorstellen, dass das Unendliche jemals seine Bekundung und seinen Ausdruck der geschaffenen Welt begonnen hat? Gewisse Metaphysiker sagen: "Der Unendliche muss das Gefühl gehabt haben, dass die Schöpfung "begehrenswert" war, sonst hätte er nie etwas erschaffen." Solche Spekulationen sind jedoch ausserhalb unseres Bereichs; wir haben sie nur erwähnt, um zu veranschaulichen, wie grundlegend die Idee ist und wie sie ihre Macht im philosophischen Denken des Menschen immer wieder behauptet.

Emotion wird also als der grosse Anreiz für individuelle Bewegungen und Handlungen im menschlichen Leben wahrgenommen. Sie ist nicht mehr als ein rein interner, subjektiver mentaler Zustand zu betrachten. Im Gegenteil, wird sie als die innere Phase einer mentalen Aktivität angesehen, die danach strebt, sich in nach aussen gerichteter und äusserer Aktivität auszudrücken. Emotion wird zurecht E-Motion genannt. Emotion ist ein Ansporn zum Handeln – zur geistigen und körperlichen Bewegung. Emotionen sind immer bestrebt, sich in Aktion auszudrücken. Auf ihrem unteren Bereich geht sie in bestimmte Formen der Empfindung über; auf ihrer Oberseite geht sie in Willen über.

Emotion ist nicht die Manifestation oder der Ausdruck von fantasievollen, sentimentalen, neurotischen, hysterischen Gefühlen oder Impulsen – etwas, wofür sich derjenige, der sie manifestiert, entschuldigen muss. Emotionen lassen sich genauso wenig an der neurotischen, hysterischen, hyperemotionalen, missbilligten "Emotion" messen, wie der Intellekt nicht an der fantastischen, so genannten "Argumentation" des Insassen eines Irrenhauses oder der vielen "auswärtigen Patienten von Bedlam", denen wir im Alltag begegnen zu messen ist. Weder Emotion noch Intellekt ist an den pervertierten Formen dieser grossen mentalen Aktivitäten zu messen.

Die Menschen sind es gewohnt, von Intellekt als der stärksten der Kräfte des Mind zu sprechen; aber sie liegen falsch, die Emotionen auslassen. Descartes sagte: "Ich denke, also bin ich!" Aber das Fühlen ist noch grundlegender als das Denken; und die Menschen sagen mit noch grösserer Sicherheit: "Ich fühle, also bin ich!" Ebenso sind wir es gewohnt, mit einer gewissen Befriedigung den Aphorismus zu zitieren: "Wie ein Mensch denkt, so ist er"; aber wir erinnern uns nicht daran, dass die eigentlichen Worte des Aphorismus sind: "Wie ein Mensch in seinem Herzen denkt, so ist er auch." Hier bedeutet "in seinem Herzen denkt" wirklich "in seinem Herzen fühlt" – denn "das Herz" ist der bekannte Bildbegriff, der verwendet wird, um den Sitz des Fühlens zu bezeichnen, so wie "der Kopf" verwendet wird, um den Sitz des Denkens zu bezeichnen. So heisst es letztendlich in unserem Lieblings-Aphorismus: "Wie ein Mensch in seinem Herzen fühlt, so ist er auch."

Wir sind hier nicht bestrebt, Emotion über Denken und Willen zu erheben, sondern versuchen lediglich, ein wichtiges Element der mentalen Kraft des Menschen, an welches sich viele Menschen gewöhnt haben, es zu übersehen und zu vernachlässigen, an seinen Platz in der

Dreieinigkeit des Mind zurückzubringen. Oder, indem wir die Redewendung ändern, können wir sagen, dass wir in Emotion den Eckpfeiler des Tempels der geistigen Kraft haben, der von vielen der modernen Bauherren abgelehnt wurde. Ohne das Element der Emotionalen Kraft kann es im menschlichen Mind keine Motive Kraft geben.

II VERLANGEN UND HANDELN

Das Verlangen ist, wie wir gesehen haben, der Höhepunkt der Welle des Emotionalen Gefühls. Gleichzeitig kann man sagen, dass das Verlangen das elementare Stadium oder die elementare Phase des Willens ist. Emotionen, die zu Verlangen anschwellen, neigen dazu, sich in Willen zu verwandeln. Bevor wir das Stadium des Verlangens erreichen, finden wir Emotionen, die das Stadium der Zuneigung bekunden, unter den verschiedenen Formen der letzteren, die als Liebe, Mögen, Vorliebe, Anziehung, Leidenschaft, Bewunderung bekannt sind. Der Geist der Zuneigung wird durch den Satz "Ich mag" repräsentiert.

Das Verlangen entwickelt sich aus dem Stadium der Zuneigung und bekundet die Neigung, zu wünschen, zu wollen, danach zu lechzen, sich danach zu sehnen, eifrig zu schmachten, das Objekt seiner Zuneigung zu erhalten oder zu geniessen. Das Verlangen manifestiert sich in verschiedenen Formen, wie z.B. Sehnsucht, Ehrgeiz, Begierde, Gelüst, Hunger oder Durst (im übertragenen Sinne eingesetzt), zur Erlangung; oder das einfache "Wünschen oder Wollen". Der Geist des Verlangens wird durch den Satz "Ich will" repräsentiert.

Das Verlangen bewegt sich jedoch nur in Richtung desjenigen, zu dem es von der Zuneigung angezogen wird. Es "will" nur das, was es "mag". Was es weder mag noch ablehnt, kann es nicht in Aktivität versetzen. Das, was es nicht mag, will es positiv "nicht"; es versucht, solche Dinge zu vermeiden oder ihnen zu entkommen oder sie loszuwerden oder von ihnen frei zu sein. Der Grad des Verlangens hängt wesentlich vom Grad der Zuneigung zum Objekt ab, obwohl auch andere Elemente in die Berechnung einfliessen. Wie Gordy sagt: "Ich werde dieses oder jenes tun, aufgrund eines Vergnügens oder Nutzens – und nach einer Analyse wird es entweder in Form eines Vergnügens bestehen, das ich zu gewinnen hoffe, oder aus einem Schmerz, den ich zu vermeiden hoffe."

Hier ist das Funktionsprinzip in Kürze: Wir unterhalten eine Zuneigung oder ein "Mögen" für das, was uns angenehme Gefühle oder Emotionen gibt; wir wünschen oder "wollen" das, wofür wir eine Zuneigung oder ein "Mögen" unterhalten, d. h. das, was uns angenehme Gefühle oder Emotionen gibt; und wir wollen oder "handeln", um das zu tun, was dazu neigt, unsere Verlangen oder "Bedürfnis" zu befriedigen oder zu erfüllen. In diesem Arbeitsprinzip können wir das Geheimnis des Handelns finden – das Funktionieren der inneren Maschine des Willens, die uns dazu bringt, "Dinge zu tun". Wir müssen etwas angenehmes finden, damit wir es "mögen" können; wir müssen es "mögen", bevor wir es "wollen"; wir müssen es "wollen", bevor wir in Aktion treten, um Dinge zu "tun", die dazu neigen, das zu erreichen, zu sichern, zu gewinnen und zu erlangen, was das Verlangen befriedigen wird.

Das Verlangen wird nur als Reaktion auf ein Objekt in Aktivität aufgerührt und zum Ausdruck gebracht – es wird nur durch einen Anreiz emotionalen Charakters bewegt. Professor Halleck gibt uns die einfache Regel in seiner berühmten Aussage: "Das Verlangen hat als Objekt etwas, das, augenblicklich oder zukünftig, für das Individuum oder für jemanden, an welchem es interessiert ist, Behagen bereitet oder Schmerz beseitigt. Aversion oder das Streben von einer Sache weg ist nur der negative Aspekt des Verlangens."

Sie werden feststellen, dass alle Formen und Phasen des Verlangens durch die obige Aussage abgedeckt sind. Um Verlangen zu sein, muss ein mentaler Zustand die oben genannten Elemente beinhalten und besitzen; wenn ein mentaler Zustand die oben genannten Elemente beinhaltet, dann muss es Verlangen sein. Es wird Ihnen geraten, die Definition oder Aussage in Erinnerung zu behalten; und Ihre Gefühle damit zu testen, wenn Sie im Zweifel sind, ob Sie eine Sache begehren oder nicht.

Das Verlangen übt einen enormen Einfluss auf alle Phasen des menschlichen Handelns aus. Es ist die treibende Kraft des Willens; dieser neigt dazu, sich in Richtung des Objekts des grössten Verlangens zu bewegen und durch seine Kanäle zu fliessen. Der Wille wird immer von einem "Motiv" bewegt, d. h. einer Ursache oder einem Grund, der zum Handeln anregt; und dieses "Motiv" findet sich immer im Verlangen und den damit verbundenen Vorstellungen oder Ideen. Es ist ein Axiom der Psychologie, dass "Der Wille auf das stärkste Motiv zu geht, das in der bewussten oder unbewussten Aufmerksamkeit zum Zeitpunkt des Handelns vorhanden ist". Das "stärkste Motiv" ist immer jene Idee, die das Objekt des stärksten Verlangens oder des Aggregats oder Mittelwerts der stärksten Verlangen darstellt, die im Moment des Handelns in Aufmerksamkeit stehen.

Das Verlangen spielt auch eine wichtige Rolle in unserem Denken, Argumentieren und Urteilen. Es stimuliert unsere Wahrnehmung und regt unsere Denkprozesse an. Es ist sprichwörtlich, dass unsere Urteile von unseren Gefühlen, Emotionen, Zuneigungen und Wünschen beeinflusst werden. Es wurde wirklich gesagt, dass die meisten Menschen, wenn sie versuchen, zur Vernunft zu kommen, eher danach streben, "Ausreden" für ihre früheren Entscheidungen zu finden, anstatt logische Gründe für neue Entscheidungen vorzubringen; die Entscheidungen selbst sind in den meisten Fällen bereits aufgrund von Gefühlen, Emotionen, Zuneigungen und Verlangen getroffen worden. Unsere Gefühle und Verlangen veranlassen uns oft, nur die Fakten wahrzunehmen, die wir entdecken wollen, und diejenigen zu übersehen, die wir nicht aufdecken wollen.

Johnson sagt: "Zuneigung und Verlangen bringen das vergrössernde Ende des Teleskops in unser intellektuelles Auge, wenn es um unsere eigenen Interessen geht, und das minimierende Ende, wenn wir die Interessen anderer betrachten, für die wir keine Zuneigung empfinden." Halleck sagt: "Der Gedanke wird abgelenkt, wenn er durch ein emotionales Medium geht, so wie ein Sonnenstrahl abgelenkt wird, wenn er auf Wasser trifft." Gulick sagt: "Unsere Hoffnungen, Ängste, Ambitionen, Lieben und Vorlieben sind die bestimmenden Faktoren unseres Lebens. Die rein mentale, logische oder vernünftige Funktion ist hauptsächlich der Diener unserer Verlangen und Ängste."

Dass Menschen leichter, bereitwilliger und häufiger durch ihre Emotionen, Verlangen und Zuneigungen beeinflusst werden als durch ihre logischen Fähigkeiten, ist bekannt. Der Redner, Anwalt, Staatsmann und Prediger, der Verkäufer und der Werbefachmann wissen alle, dass der Weg zu den Köpfen der Menschen durch die Herzen der Menschen führt. Die grossen Redner waren Männer von emotionaler Kraft – Männer, die ihr Herz in ihre Worte legten und so die Herzen ihrer Zuhörer anregten. Rochefoucauld sagte: "Leidenschaften sind die einzigen Redner, die immer erfolgreich sind." Henry Clay sagte: "Cäsar kontrollierte Männer, indem er ihre Ängste hervorrief, Cicero, indem er ihre Leidenschaften beeinflusste." Brooks sagt: "Es ist das liebevolle Gefühl, die bebende Lippe, der zitternde Akzent, das angefeuchtete Auge, die oft die eloquentesten Bittsteller sind."

Davenport sagt: "Der kühle, rationale Redner hat neben dem geschickten Redner wenig Chancen. Die Menge denkt in Bildern, und die Rede muss diese Form annehmen, um ihr zugänglich zu sein.... Die Menge wird von Emotionen und nicht von Vernunft vereint und regiert. Emotion ist das natürliche Band, denn Männer differieren sich in dieser Hinsicht weniger als im Intellekt." Burke sagte: "Es gibt einen bewegenden Tonfall, eine leidenschaftliche Geste, die unabhängig von den Dingen wirkt, über die sie ausgeübt werden. Es gibt auch Worte und bestimmte Wortgebilde, die sich besonders leidenschaftlichen Themen widmen und immer von denjenigen verwendet werden, die unter dem Einfluss irgendeiner Leidenschaft stehen, und die uns immer mehr berühren und bewegen als diejenigen, die das Thema viel klarer und deutlicher zum Ausdruck bringen. Wir treten der Sympathie das ab, was wir der Beschreibung verweigern."

Ein alter Schriftsteller sagte einmal: "Nur wenige Redner, die versuchen, die Menschen nur zum Denken zu bringen, sind erfolgreich – Menschen wollen zum Fühlen gebracht werden. Die Menschen werden grosszügig dafür bezahlen, dass sie zum Fühlen oder Lachen gebracht werden, während sie der Unterweisung oder dem Gespräch, die sie zum Nachdenken anregen, einen Spottpreis missgönnen. Die Gründe sind greifbar und klar: Es ist Herz gegen Kopf, Seele gegen Logik, und die Seele gewinnt zwangsläufig jedes Mal." Kardinal Newman sagte einmal: "Das Herz wird gemeinhin, nicht durch Vernunft erreicht, sondern durch die Imagination direkter, durch Beschreibungen hervorgerufener Eindrücke. Personen beeinflussen uns, Stimmen schmelzen uns, Taten entzünden uns."

Man muss sich nur an die Fälle des grossen Einflusses, der – durch die emotionalen Appelle an Zuneigung oder Abneigung, an Vorurteile für oder gegen, an Verlangen, Ambitionen, Bestrebungen, Gier, Sehnsüchte und begierig "ersehnten" Dingen, die von Rednern, Politikern, Staatsmännern, Schauspielern und Predigern gemacht werden – auf das öffentliche Mind ausgeübt wird erinnern, um die starke Wirkung von Emotion, Zuneigung und Verlangen auf die Gedanken, Meinungen, Glaubenshaltungen und Überzeugungen der Menschen zu erkennen.

Ein moderner Schriftsteller sagt: "Ein grosser Teil der Angelegenheiten des Lebens besteht darin, die Emotionen und Verlangen der Menschen anzuregen, um sie damit zum Handeln zu bewegen." Ein anderer sagt: "Der erfolgreiche Mann ist derjenige, der in der Lage ist, die Menge davon zu überzeugen, dass er etwas hat, das sie wollen; oder dass sie etwas wollen, das er hat." Der erfolgreiche Verkäufer, Werbemann oder jeder andere Mensch, der anderen Menschen Dinge zu verkaufen hat, bringt bei diejenigen, die er für seine Projekte interessieren will, alle Kraft des Verlangens ins Spiel. Er appelliert an die "Verlangens"- oder "Begehrens"-Seite des Mind der Menschen. Er spielt mit den Sympathien der Menschen, ihren Vorurteilen, ihren Hoffnungen, ihren Ängsten, ihren Verlangen, ihren Abneigungen.

Männer "tun Dinge" und "handeln" wegen der Bewegungskraft ihrer emotionellen Natur, insbesondere in Form von Zuneigung und Verlangen. Das ist der einzige Beweggrund Menschen dazu zu zwingen oder zu beeinflussen "Dinge zu tun". Wäre diese Antriebskraft nicht vorhanden, gäbe es kein Handeln oder Tun von Dingen; es gäbe in diesem Fall keinen Grund oder keine Ursache für ein solches Handeln oder Tun. Wir handeln und tun nur, weil wir "mögen" und "wollen".

Wäre das emotionale Element nicht vorhanden, gäbe es kein Element des Willens. Ohne Verlangen würden wir keine Auswahl treffen, keine Entscheidungen fällen und keine Handlungen ausführen. Ohne das "Wünschen" und "Begehren" gäbe es keinen "Handlungswillen" und keine "Handlung". Verlangen ist die Antriebskraft der Handlung; nehmen Sie die Antriebskraft weg und es kann und wird keine Bewegung, keine Aktivität und keinen Willen geben. Ohne die Triebkraft des Verlangens hört der Mechanismus des freiwilligen Handelns auf zu funktionieren und kommt völlig zum Erliegen.

Ein alter Schriftsteller, dessen Worte für uns erhalten geblieben sind, obwohl sein Name den heutigen Schriftstellern unbekannt ist, äussert in der folgenden, ziemlich überraschenden Aussage eine tiefe Wahrheit:

"Jede Tat, die wir tun, ob gut oder schlecht, wird von Verlangen angeregt. Wir sind wohltätig, weil wir unsere innere Not beim Anblick des Leidens lindern wollen; oder aus dem Drang der Sympathie, mit ihrem Wunsch, ihr Wesen auszudrücken; oder aus dem Wunsch, in dieser Welt respektiert zu werden, oder einen bequemen Platz in der nächsten zu sichern. Ein Mann ist freundlich, weil er wünscht, freundlich zu sein – weil es ihm Befriedigung und Zufriedenheit gibt, freundlich zu sein. Ein anderer Mensch ist unfreundlich, weil er so sein will – weil es ihm Befriedigung und Zufriedenheit gibt. Ein Mann tut seine Pflicht, weil er es tun will – er erhält eine höhere emotionale Befriedigung und Zufriedenheit von der gut gemachten Pflicht, als er es von der Vernachlässigung in Übereinstimmung mit einigen entgegengesetzten Wünschen erwarten würde. Ein anderer Mann gibt dem Wunsch nach, sich seiner Pflicht zu entziehen – er erhält mehr Befriedigung und Zufriedenheit dadurch, dass er seine Pflicht unterlässt, zugunsten anderer und konträrer Dinge, die einen grösseren emotionalen Wert für ihn selbst besitzen.

"Der religiöse Mensch ist in seinem Handeln religiös, weil seine religiösen Wünsche stärker sind als seine unreligiösen – er findet in religiösen Handlungen eine grössere Befriedigung und Zufriedenheit als in den Bemühungen der Weltbewussten. Der moralische Mensch ist moralisch, weil seine moralischen Wünsche stärker sind als seine unmoralischen – er erhält ein höheres Mass an emotionaler Befriedigung und Zufriedenheit, wenn er moralisch ist als wenn er unmoralisch ist. Alles, was wir tun, wird vom Verlangen in irgendeiner Form oder Gestalt, ob hoch oder niedrig, angeregt. Der Mensch kann nicht willenlos sein und dennoch auf die eine oder andere Weise – oder in irgendeiner Weise – handeln. Verlangen ist die Triebkraft hinter allem Handeln – es ist ein Naturgesetz des Lebens. Alles, vom Atom bis zum Einzeller; von dem Einzeller bis zum Insekt; vom Insekt bis zum Menschen; vom Menschen bis zur Natur; und möglicherweise von der Natur bis zu Gott; alles von unten bis oben und von oben bis unten – alles, was ist – wird wegen der Kraft und Macht des Verlangens, zu handeln und Dinge zu tun, Handlungen zu manifestieren und Arbeit auszuführen befunden. Verlangen ist die belebende Macht, der energetisierende Schwung und die motive Kraft in, unter und hinter allen natürlichen Prozessen, Aktivitäten und Ereignissen."

Um den Einfluss und die Kraft der emotionalen Zustände, die in Verlangen auf die Entscheidungen und Handlungen der Menschen gipfeln, voll zu schätzen, kann es notwendig sein, dass Sie dich einer kleinen introspektiven Spekulation hingeben und Ihre Vorstellungskraft in die Aufgabe einbringen müssen. Sie können mit der Annahme beginnen, dass keine Sache einen grösseren emotionalen Wert für Sie hat als irgendeine andere Sache; dass Sie keinen grösseren Wunsch verspüren, eine Sache mehr als eine andere zu erreichen, zu besitzen oder zu geniessen; dass Sie in keiner bestimmten Richtung mehr als in jeder anderen "wünschen" oder "begehren". Wenn Sie die Existenz eines solchen mentalen und Gefühlszustandes zulassen, können Sie dann logisch vorgehen, um ein imaginäres Bild des Sachverhalts zu schaffen, der sich aus diesem mentalen Zustand ergeben kann.

In einem solchen Fall würden Sie nicht nur feststellen, dass "alle Dinge für sie gleich aussehen" würden, sondern dass Sie sich in Bezug auf alle Dinge gleich fühlen würden. Wenn alle Dinge, einen gleichen emotionalen Wert für Sie haben, würden Sie tatsächlich kein emotionales "Wünschen", Begehren oder Verlangen nach irgendetwas erleben. Hunger und Durst haben aufgehört, für Sie zu existieren; Behagen und Unbehagen wären dahingeschieden; Liebe und Hass, Zu- und Abneigung, hätten für Sie keine Bedeutung mehr. Sie würden genauso bereitwillig verhungern oder extremen Durst leiden, wie ihren Hunger oder Durst zu stillen. Sie würden genauso bereitwillig extreme Unannehmlichkeiten und Schmerzen erleiden, wie Behaglichkeit und Freude zu geniessen. Sie wären genauso bereit, Beleidigungen, Beschimpfungen und Grausamkeiten zu erleben, die sich gegen Sie selbst oder ihre Nächsten richten, wie sie Freundlichkeit, Rücksichtnahme, Respekt und freundliche Behandlung annehmen würden. Armut und Reichtum würden von Ihnen gleichermassen geschätzt oder nicht geschätzt – das eine wäre gerade so gut wie das andere.

Sie würden keine Zuneigung mehr zu Ihren Eltern, Ihrem Lebensgefährten und Ihren Nachkommen empfinden, und Sie würden Ihre Hand nicht heben, um sie vor Angriffen oder Verletzungen zu schützen. Jegliche Liebe und jegliches Mitgefühl wäre Ihnen fremd, ebenso wie jeglicher Hass, jegliche Abneigung oder jeglicher Wunsch, irgendetwas oder irgendjemanden zu vermeiden. Sie würden keine Liebe zu Freunden haben, weder zu Ihrem Heim noch zu Ihrem Land. Jegliche sexuellen Impulse, egal ob hoch oder niedrig, würden Sie nicht tangieren. Sie würden weder Vorliebe oder Verlangen nach Wahrheit und Ehrlichkeit haben, noch ein Verlangen, zu lügen oder unehrlich zu sein. Sie würden kein Verlangen haben, zu erschaffen, zu konstruieren, zu erfinden. Sie hätten keinen Sinn für Liebe, für Schönheit, für Kunst, für Musik – keinen Wunsch, zu denken, zu lernen, zu lesen oder Ihr Mind in irgendeiner Weise zu nutzen. Sie würden keine moralischen oder religiösen Instinkte oder Neigungen haben, dennoch würden Sie keine Versuchungen erleiden, sich dem Laster oder Richtungen hinzugeben, die in Ethik und Religion verpönt sind. Alle Gefühle, egal ob hoch oder niedrig, gut oder schlecht, tugendhaft oder bösartig, würden in Ihnen fehlen.

In einem solchen Fall hätten Sie keinen Geschmack in irgendeiner Weise, keine Vorlieben für irgendetwas, keine Liebe oder Hass auf irgendetwas, keine Zu- oder Abneigung für oder gegen etwas, kein Verlangen für oder Aversion gegen irgendetwas; und folglich würden Sie ihren Willen nicht aufbringen, um etwas zu erlangen oder zu vermeiden – Sie würden überhaupt nicht wollen, Sie würden überhaupt nicht in irgendeine Richtung handeln. Sie wären ein "lebender Toter", denn alles, was den Sinn des Lebens ausmacht, würde in Ihrem Wesen fehlen. Apathie und Lethargie wären Ihr Schicksal. Sie würden nicht einmal lange leben, denn Sie würden keinen Wunsch verspüren, zu handeln, um sich selbst mit Nahrung zu versorgen, noch um Schutz vor den Elementen oder vor feindlichen Kräften oder Dingen zu erlangen.

Wenn die Welt ohne jegliches Verlangen wäre, gäbe es keine Aktivität in ihr. Nicht nur, dass alle Lebewesen aufhören würden, ihre natürlichen Eigenschaften und Wesen zu manifestieren, sondern auch die anorganischen Formen würden aufhören zu handeln, sich zu bewegen und ihre natürlichen Prozesse auszuführen. Denn, seien Sie sich bewusst, das Verlangen wohnt auch auf den unteren Ebenen der Natur – sogar auf den Ebenen der sogenannten "leblosen" Dinge. Alles, was die Kraft der "Selbstbewegung" hat, bewegt sich zu oder weg von bestimmten anderen Dingen, bezüglich derer man sagen kann, dass sie "mögen oder nicht mögen". Die Kraft der Anziehung und Abstossung zwischen den Atomen und Molekülen der Materie geht, gemäss dem Dafürhalten der Wissenschaftler, nach genau definierter "Zu- und Abneigung", Liebe und Hass, – Verlangen, in einer elementarer Form – vor. Die "chemische Affinität" zwischen den chemischen Elementen verläuft eindeutig nach dem Vorbild von "Zu- and Abneigung". In einer Welt ohne Verlangen würde es dann an den Aktivitäten dieser anorganischen Elemente mangeln, zum Ende der Naturkräfte kommen – und alles wäre zum Stillstand gekommen.

Diese Vorstellung wurde von einigen mit der Begründung abgelehnt, dass die meisten unserer Handlungen – und die aller anderen Kreaturen und Dinge – eher nach Gewohnheit als nach tatsächlichem Verlangen ablaufen. Die Antwort darauf ist (1) alle Gewohnheiten, ursprünglich oder durch Menschheitserinnerung und Instinkt vererbt, wurden durch Wiederholungen von als "angenehm" empfundene Handlungen geschaffen und etabliert, und damit durch Verlangen – sie sind Derivate oder sekundäre Bekundungen von Verlangen – befunden worden; und (2) Ihre eigene Erfahrung wird Ihnen beweisen, dass es entschieden "bequemer" und "angenehmer" ist, nach Gewohnheit zu handeln, als in die entgegengesetzte Richtung. Die Schwierigkeit, eine anstössige Gewohnheit zu überwinden, ist ein ausreichender Beweis dafür, dass man gewohnheitsmässig handeln "will" und es als angenehm und bequem empfindet; das Verlangen regiert im Bereich der Gewohnheit, genauso wie in jedem anderen mentalen Bereich. Der "Weg des geringsten Widerstandes" verläuft auf dem Weg der Gewohnheit und als Reaktion auf ein ausgeprägtes Wohlgefühl.

Wir sind überzeugt, dass Sie jetzt selbst davon überzeugt sind, dass alle Ihre Handlungen direkt oder indirekt durch Ihre Wünsche verursacht werden; und dass letztere auf Ihren besonderen emotionalen Werten basieren, d. h. auf der Art, dem Charakter, der Richtung und dem Ausmass Ihrer "Zu- und Abneigungen". Je genauer Sie die Handlungen und Taten Ihrer selbst und anderer Individuen studieren und analysieren, desto fester wird Ihre Überzeugung davon sein: "Jede freiwillige Handlung läuft nach dem Vorbild des Verlangens ab und entsteht durch die Anwesenheit und Aktivität des Verlangens." Es gibt keine bekannte Ausnahme von dieser Regel; je umfangreicher die Beobachtung und das Experiment, desto grösser ist die Bestätigung der Regel.

Wenn Sie die Wahrheit der oben bekannt gegebenen Handlungsregel ausprobieren, sollten Sie immer die wahre und vollständige Definition von Verlangen im Auge behalten. Der Einfachheit halber zitieren wir hier noch einmal die Hallecksche Regel, nämlich: "Das Verlangen hat als Objekt etwas, das, augenblicklich oder zukünftig, für das Individuum oder für jemanden, an welchem es interessiert ist, Behagen bereitet oder Schmerz beseitigt. Aversion oder das Streben von einer Sache weg ist nur der negative Aspekt des Verlangens." Beobachtung und Experiment werden Ihnen die Wahrheit der Regel, dass alle freiwilligen Handlungen aus dem Verlangen entstehen (im oben genannten Sinne des Wortes) und immer nach dem Vorbild des Verlangens vorgehen, endgültig beweisen.

Es gibt jedoch noch einen weiteren Schritt in unserer Argumentation zu diesem Thema – einen Schritt, den viele zögern zu tun, und über den viele in ihrer Argumentation stolpern und fallen – einen Schritt, der logischerweise auf die Akzeptanz der vorgenannten Regel folgt und der die unvermeidliche, unveränderliche und unfehlbare Schlussfolgerung der in dieser Regel enthaltenen Prämisse beziehungsweise des Vorschlags ist. Diese zweite, oder abgeleitete Regel, ist wie folgt: "Alle freiwilligen Handlungen erfolgen entlang dem stärksten Verlangens-Motivs oder entlang dem Aggregat oder des Durchschnitts solcher Motive, die im Moment der Entscheidung oder der Handlung in bewusster oder unbewusster Aufmerksamkeit vorhanden sind."

Vereinfacht ausgedrückt besagt diese Regel: "Sie handeln immer nach der grössten "Zu- oder Abneigung", derer Sie sich zum besagten Zeitpunkt gewahr sind." Diese Regel ist so wahr und unveränderlich, dass wahrheitsgemäss behauptet werden kann, dass Sie nicht nur immer so handeln, sondern dass Sie ihr gar nicht zuwider handeln können – wenn Sie überhaupt handeln, müssen Sie nach dieser Regel handeln. Dies ist ein hartes Wort für die meisten Menschen, wenn es ihnen zum ersten Mal bewusst gemacht wird; aber es ist ein wahres Wort, und die Abneigung dagegen ergibt sich aus einem Missverständnis über die wahre Bedeutung des Satzes oder zumindest daraus, dass sie nicht vollständig verstanden wurde. Wir bitten Sie, der Angelegenheit besondere Aufmerksamkeit zu schenken, denn sie ist wichtig.

Der Haupteinwand, den viele Menschen bei gegen diese Regel erheben, wenn sie ihnen zum ersten Mal präsentiert wird, ist der, der in der folgenden Aussage geäussert werden kann: "Aber ich tue eigentlich oft Dinge gegen meine Verlangen und Neigungen, Dinge die ich eigentlich gar nicht tun will". Zunächst mag diese Aussage die Wahrheit auszudrücken scheinen, aber eine kleine Analyse wird den Irrtum bald aufdecken. Die Analyse kann mit der folgenden Frage beginnen: "Aber warum haben Sie das getan, was Sie gesagt haben, dass Sie es nicht tun wollten?" Es gibt immer eine Antwort, und diese Antwort beginnt normalerweise mit dem Wort "weil". Ein "Weil" ist eine "Ursache" oder "Grund" – es ist ein Motiv zum Handeln. Und das "weil", "Grund" oder Motiv wird sich immer als eine Form oder Phase des Verlangens entpuppen – ein "Wunsch", etwas zu sichern oder es zu vermeiden oder ihm zu entkommen. Das "Warum?" impliziert ein Motiv, das "Weil" gibt das Motiv an, und das "Begehren" ist die Essenz des Motivs.

Sie mögen sich sehr wünschen, die Oper zu besuchen, aber Sie entscheiden sich, im letzten Moment zu Hause zu bleiben. Warum? Wegen der Wünsche Ihrer Frau, der Krankheit Ihres Kindes, der Benachrichtigung über den Besuch eines Freundes oder eines anderen "Weils", basierend auf einem Verlangen, Wunsch oder "Begehren". Es mag einen Verlangens-Konflikt geben, aber das stärkste Verlangen des Moments gewinnt den Kampf. Sie können sogar ein starkes Verlangen nach einem gegenwärtigen und unmittelbaren Vergnügen oder Nutzen zugunsten eines Verlangens nach einem zukünftigen ablegen, das einen grösseren Nutzen oder eine grössere Zufriedenheit verspricht. Sie können ein starkes Verlangen hemmen und unterdrücken, weil Sie jemandem, für den Sie dich interessieren, Freude oder Schmerzen bereiten wollen; oder aus Angst vor Verurteilung und Missbilligung seitens anderer; oder wegen der Eingebungen des "Gewissens" und des Gefühls, dass Sie wegen der Handlung danach Reue oder Gewissensbisse empfinden würden; oder weil die Kraft der Gewohnheit, des Brauchs, der üblichen Handlungsweise usw. das Gleichgewicht des Verlangens gegenüber der vorgeschlagenen Handlung herabsetzt. Kurz gesagt, Sie können sich entscheiden, nicht das zu tun, was Sie zuerst so stark verlangten und "begehrten" – aber nur wegen des grösseren Wunsches nach etwas anderem oder um etwas anderem zu entkommen.

Diese Illustrationen können fast unbegrenzt fortgesetzt werden, aber die obigen Beispiele zeigen das allgemeine Prinzip. Sie werden feststellen, dass das stärkste Element des Verlangens, das Sie hatten, das Sie vermeiden oder dem Sie entkommen wollen, den Sieg davonträgt. Die Regel lautet: "Sie handeln immer nach Ihrer grössten 'Zu- oder Abneigung' derer Sie sich zu gegebenem Zeitpunkt gewahr sind."

Wenn Sie für vergangene Handlungen oder Handlungsunfähigkeiten Reue, Busse oder Gewissensbisse empfinden, dann nur, weil die Zeit neue Elemente hinzugefügt hat oder Ihnen neue Sichtweisen gegeben hat. Ihre emotionalen Werte haben sich verändert, und das Problem ist nicht mehr dasselbe das Sie zum Zeitpunkt Ihrer Entscheidung konfrontiert haben. Neue Fakten, neue Ideen, neue Bedingungen können den emotionalen Werten einer Handlungsweise zuträglich und den Werten anderer abträglich sein. Aber die Massnahme, von der Sie sich jetzt wünschen, dass Sie sie ergriffen hätten, genauso wie diejenige, von der Sie sich jetzt wünschen, dass Sie sie nicht ergriffen hätten, basiert immer auf der gleichen Regel der stärksten Zu- oder Abneigung, die zum Zeitpunkt der Entscheidung vorliegt.

Samuel L. Clemens (Mark Twain) präsentierte seine auf diesem Prinzip des freiwilligen Handelns basierende Philosophie in einer etwas unverblümten und überraschenden Form. Helvetius, der französische Philosoph, hatte im 18. Jahrhundert die gleichen Schlussfolgerungen gezogen – aber nur wenige haben von Helvetius gehört, während viele von Mark Twain gehört haben.

Helvetius entwickelte in seinem Hauptwerk den Grundsatz: "Der grosse Hebel allen menschlichen Verhaltens ist die Selbstgefälligkeit!" Er räumte jedoch ein, dass Selbstgefälligkeit viele und weit auseinander liegende Formen annehmen kann. So sagte er zum Beispiel, dass die Selbstgefälligkeit eines guten Menschen in der Unterordnung seiner persönlichen unter die allgemeinen Interessen besteht – zuerst in Bezug auf den Kreis der Personen, in dem er sich bewegt, dann auf die allgemeine Gemeinschaft und schliesslich auf die Welt im Allgemeinen. Selbstgefälligkeit, so hielt er fest, kann niederträchtig oder edel, egoistisch oder uneigennützig, unmoralisch oder moralisch, unreligiös oder religiös, niedrig oder hoch, egoistisch oder selbstlos (im normalen Gebrauch dieser Begriffe), und so weiter sein – aber sie bleibt die ganze

Zeit über in allen Fällen Selbstgefälligkeit und ist nie Selbstungefälligkeit oder die Weigerung das Selbst am Ende zu befriedigen.

Helvetius lehrte, kurz gesagt, dass der Mensch in der Richtung handelt, seine eigenen stärksten Gefühle, Emotionen und Wünsche zufriedenzustellen und zu befriedigen. Dies scheint eine harte Lehre zu sein, bis sie gründlich verstanden und gewürdigt wird; aber all unsere moralische und ethische Ausbildung basiert auf ihrer grundlegenden Wahrheit. Wir bemühen uns, dass sich der Einzelne "richtig fühlt", damit er "richtig handelt". Wenn wir ihn nicht dazu bringen können, das Richtige zu lieben, dann bringen wir ihn dazu, die Folgen von Fehlverhalten zu fürchten. Wir arbeiten in beiden Fällen an seiner Verlangens-Natur. Das ist alles, was Helvetius meinte, d. h., dass Menschen nach inneren Motiven handeln – wobei die stärksten Motive der Selbstgefälligkeit, über die Art der Handlung entscheiden.

Clemens verwendet den Begriff "den Geist befriedigen" anstelle von Helvetius' Begriff "Selbstgefälligkeit" – aber beide bedeuten letztendlich dasselbe. Clemens sagt: "Es gibt nur einen Impuls, der einen Menschen dazu bewegt, Dinge zu tun. Dieser eine Impuls ist der Impuls, seinen eigenen Geist zufriedenzustellen – die Notwendigkeit, seinen eigenen Geist zu befriedigen und seine Zustimmung zu gewinnen. Die Tat muss ihm zunächst guttun, sonst wird er sie nicht tun. Er mag denken, dass er es um einer anderen Person Willen tut, aber das ist es nicht; er stellt zuerst seinen eigenen Geist zufrieden – der Nutzen der anderen Person muss immer an zweiter Stelle stehen. Es gibt nur ein Gesetz, eine Quelle für die Handlungen der Menschen. Sowohl die edelsten Impulse als auch die niedersten gehen von dieser einen Quelle aus. Das ist das Gesetz, behalten Sie es im Hinterkopf: Von der Wiege bis zum Grab tut ein Mensch nie auch nur etwas, was nicht zuallererst ein Ziel hat – den eigenen Seelenfrieden, den spirituellen Komfort für sich selbst zu sichern. Er wird immer das tun, was ihm den grössten mentalen Komfort bringt – denn das ist das einzige Gesetz seines Lebens. * * * Immer geist-befriedigende Gründe. Es gibt keine anderen."

Es gibt noch eine weitere allgemeine Regel bezüglich des Verlangens, die Sie beachten und an welche Sie sich erinnern sollten. Die Regel lautet wie folgt: "Das Ausmass an Kraft, Energie, Willen, Entschlossenheit, Hartnäckigkeit und kontinuierlicher Anwendung, den ein Individuum in seinen Bestrebungen, Ambitionen, Zielen, Errungenschaften, Handlungen und Werken bekundet, wird in erster Linie durch das Ausmass an "Verlangen" und "Begehren" in Bezug auf dieses Objekt bestimmt."

Dieses Prinzip ist so wahr, dass einige, die seine Auswirkungen untersucht haben, den Aphorismus angekündigt haben: "Sie können alles haben oder sein, was Sie wollen – wenn Sie es nur stark genug wollen." Eine Sache stark genug zu wollen" bedeutet, den Preis dafür zu zahlen – den Preis des Opfers der geringeren Verlangen und "Begehren"; das Ablegen des Unwesentlichen und die Konzentration des Verlangens auf die eine wesentliche Idee oder Sache und die Anwendung des Willens auf ihre Erreichung oder Erfüllung.

Vieles, was wir bisher dem Besitz und der Bekundung eines "starken Willens" zugeschrieben haben, ist wirklich auf das Element des Willens zurückzuführen, das als Streben bezeichnet wird, d. h. das Verlangen, das zum Ausdruck in der Willenshandlung neigt. Der Mensch, der mit einem glühenden, heftigen, brennenden, sehnsüchtigen und drängenden Verlangen nach beziehungsweise in Richtung eines bestimmten Gegenstands erfüllt ist, wird sich die latenten Kräfte seines Willens und seines Intellekts zu Hilfe rufen – diese werden unter der motiven Kraft und dem Stimulus des Verlangens ungewöhnliche Aktivitäten und Energien zur Erreichung des gewünschten Ziels bekunden. Verlangen wurde auch als die Flamme bezeichnet, die die Wärme erzeugt, die den Willensdampf erzeugt.

Vergleichsweise wissen nur sehr wenige Menschen, wie man mit ausreichender Intensität und Beharrlichkeit Verlangt. Sie begnügen sich mit blossem "Wünschen" und leichtem "Begehren". Sie erleben diesen beharrlichen Wunsch nicht, der eines der wichtigen Elemente der Meisterformel der Errungenschaft ist. Sie wissen nicht, was es bedeutet, dieses intensive, eifrige, sehnsüchtige, flehende, insistierende, beharrliche, fordernde, verwegene Verlangen zu fühlen und zu manifestieren, das (um einen unserer beliebten und oft wiederholten Ausdrücken zu verwenden) dem hartnäckigen, beharrlichen, brennenden, überwältigenden Verlangen des ertrinkenden Menschen nach einem Hauch von Luft gleicht; des schiffbrüchigen oder wüstenverlorenen Menschen für einen Schluck Wasser; des verhungernden Menschen für Brot und Fleisch; der stürmischen, wilden Kreatur für Ihren Gefährten; der Mutter für das Wohl ihrer Kinder. Doch wenn die Wahrheit bekannt wäre, wüsste man, dass der Wunsch nach Erfolg der Menschen, die Grosses geleistet haben, oft so gross war diese.

Wir sind nicht zwangsläufig Sklaven unserer Verlangens; wir können die niedrigeren oder ungünstigeren Wünsche durch den Willen unter der Kraft des "ICH BIN ICH" oder des Meister-Selbst beherrschen. Wir können auf diese Weise niedrigere Wünsche in höhere, negative in positive und verletzende in hilfreiche verwandeln. Wir können Meister des Verlangens werden, anstatt von ihm beherrscht zu werden. Aber bevor wir das tun können, müssen wir zuerst den Wunsch haben, dies zu tun, dieses Ziel zu erlangen und zu erreichen. Wir können sogar in die Höhe des Willens aufsteigen – dem Ort, an dem das "ICH BIN ICH" wahrheitsgemäss "Ich Will Wollen" und "Ich Will Verlangen" sagen kann; aber auch dort müssen wir zuerst diesen "Willen zu Wollen" und "Willen zu Verlangen" verlangen.

Selbst in diesen erhabenen Höhen des Selbst finden wir das Verlangen, die grundlegende und elementare Motive Kraft zu sein: weil es in ebendiesem Herzen der Dinge wohnt – im Herzen unser selbst – im Herzen des Lebens. Selbst dort versuchen und vollbringen wir die höchsten Taten und Handlungen des Willens schlicht und einfach deshalb, weil sie dazu dienen, "unseren Geist zu befriedigen", uns den höchsten Grad an "Selbstgefälligkeit" zu geben – unserem grössten, hartnäckigsten, beharrlichsten, und stärksten "Wunsch" und "Begehren" Ausdruck und Bekundung zu verschaffen.

III DIE EVOLUTION DES VERLANGENS

Verlangen ist das eine mentale Element, Attribut oder die eine mentale Qualität, das oder die als universell in allen Lebewesen gegenwärtig entdeckt wurde. So unterschiedlich die verschiedenen Formen und Varianten von Lebewesen in Bezug auf die Qualitäten, Attribute oder Fähigkeiten der Beobachtung, Wahrnehmung und des Denkens auch sein mögen, ist dennoch in jedem Lebewesen das grundlegende Element, die Qualität oder das Attribut des Verlangens vorhanden und aktiv. Obwohl die denkenden Kräfte mit abnehmender Skala des Lebens abnehmen, wird festgestellt, dass das Element des Verlangens in dem Turm der Lebensformen nichts an Macht verliert, obwohl sich das Ausmass der Komplexität der Bekundung natürlich verringert.

Wie die Evolutionisten hervorgehoben und wie die Philosophen gewisser Schulen schnell festgestellt und bekräftigt haben, erscheint das Element des Verlangens früher in der Skala des Lebens als der Intellekt und wird daher als weitaus grundlegender und elementarer wahrgenommen als letzteres. Selbst im pflanzlichen Leben manifestiert sich die Anwesenheit und Aktivität des unbewussten Verlangens, obwohl es keine Anzeichen von Intellekt gibt. Das neugeborene menschliche Baby kann kaum dazu verleitet werden, Intellekt zu manifestieren, aber es kann kein Zweifel daran bestehen, dass die Gegenwart von Verlangen ein grundlegendes Element seines mentalen Wesens ist. Wenn Intellekt zum ersten Mal in Lebewesen auftaucht, scheint er zum Zweck dem Verlangen zu dienen entwickelt worden zu sein.

Angesichts der entdeckten Fakten über den elementaren und grundlegenden Charakter des Verlangens haben einige Philosophen behauptet, dass im Verlangen das Urmaterial zu finden ist, aus dem sich das gesamte psychische Wesen der Lebewesen entwickelt hat. Kurz gesagt, diese Ansicht vertritt die Ansicht, dass die Natur – das innere Wesen der Natur – spirituell ist; und dass die grundlegende und elementare Essenz dieses spirituellen Wesens der Natur das Verlangen in seiner elementaren Form ist. Sie behaupten mit den Worten von Schopenhauer: "Verlangen ist der Kern allen Lebens, des einzelnen Geschöpfes und des ganzen Universums". Für diese Philosophen ist Verlangen nicht nur eine mentale Eigenschaft, sondern vielmehr das wesentliche Element des Lebens und damit aller Lebewesen.

Die Buddhisten gehen sogar so weit zu behaupten, dass das Verlangen (von ihnen "Tanha" oder "Der Wille zu leben" genannt) die wahre Schöpferkraft der und in der Natur ist – und welche die "Ursache" des kontinuierlichen Prozesses der Schöpferischen Evolution ist. Das folgende Zitat von Subhadra Bhikshu, einem buddhistischen Schriftsteller, gibt einen Überblick über die buddhistische Vorstellung von der Kraft und den Aufgaben des Verlangens als das Kreative Prinzip der Natur. Dieser Schriftsteller sagt:

"Der Wille-zu-Leben (Tanha), der uns allen innewohnt und der wesentliche Faktor in unseres Seins ist, ist die wahre kreative Kraft; er ist die Ursache unserer Existenz und ist in der Tat der Schöpfer, Bewahrer und Zerstörer aller Dinge. Der Begriff "der Wille-zu-Leben" im buddhistischen Sinne des Wortes impliziert nicht nur, was die westliche Welt unter "bewusstem Willen" versteht, sondern jene instinktive Lebensliebe, die, teils bewusst, teils unbewusst für sich selbst, allen Lebewesen, Tieren und Pflanzen sowie dem Menschen innewohnt. In diesem Begriff werden "der Wille-zu-Leben" oder das Streben nach Existenz all jene Funktionen, Kräfte, Wünsche, Neigungen und Abneigungen zusammengefasst, die der Erhaltung des Lebens und dem Erwerb von Komfort und Genuss dienen.

"Der westliche Schüler des Buddhismus muss immer wieder daran erinnert werden, den "Willen-zu-Leben" – also das Verlangen nach Leben, das Kleben an der Existenz – nicht mit dem "bewussten Willen" oder dem sogenannten "freien Willen" zu verwechseln. Der bewusste Wille ist nur ein Bruchteil des ganzen "Willens-zu-Leben" – nämlich der Teil, der durch das Organ des Gehirns geht, welches das Vehikel des Bewusstseins ist. Aber der grössere Teil des "Willens-zu-Leben " erreicht in Pflanzen und Tieren nie das Bewusstsein und bei Menschen nur unvollkommen. Es zeigt sich als ein blosser blinder Instinkt, ein tief verwurzeltes Kleben an der Existenz, ein Bemühen, alles zu erfassen, was das Leben angenehm macht, und alles zu vermeiden, was es verletzt oder gefährdet."

Schopenhauer, von Hartmann und bis zu einem gewissen Grad Bergson neigen dazu, den "Geist der Natur" oder das "Universelle Lebensprinzip" als wesentliches Element oder Faktor des Verlangens zu betrachten. Schopenhauer postulierte die Existenz eines Weltgeistes oder Universalen Lebensprinzips, dessen Wesen das Verlangen ist – der Geist der Sehnsucht, des Verlangens, der Begierde, des Begehrens, des Wünschens, des Suchens, des Strebens, des Bestrebens nach äusserem Ausdruck und Handeln. Er hielt fest, dass sich dieses Prinzip des Verlangens in verschiedenen Graden und Phasen in der physischen, chemischen, magnetischen und lebenswichtigen Kraft in der Natur manifestiert; seine auffälligste Phase ist jedoch der "Wille-zu-Leben", der sich in allen Lebensformen manifestiert und Ausdruck und objektive Bekundung sucht – seine charakteristischen Phasen sind das Streben nach Erhaltung und Fortbestehung des Lebens, der Kampf um die Existenz und der Instinkt zur Erhaltung der Art.

Wir haben Ihnen die oben genannten charakteristischen Formen dieser Schule des philosophischen Denkens, derjenigen der Buddhisten und der westlichen Voluntaristen, vorgestellt, nicht unbedingt als Vertreter des philosophischen Denkens der gegenwärtigen Schriftsteller, auch nicht, um ein Interesse unserer Leser an solchen Schulen der Philosophie zu wecken, sondern lediglich, um Ihre Aufmerksamkeit auf die Anerkennung der Tatsache zu lenken, dass das Verlangen in den Prozessen, Aktivitäten und Formen der Natur grundlegend, elementar und allgegenwärtig ist. Wir lenken Ihre Aufmerksamkeit auf die Fakten, der Verweis auf die darauf aufbauenden Philosophien ist nur nebensächlich und sekundär.

Wir können nie hoffen, zu wissen, was Verlangen "in sich selbst" ist; wie alle grossen Kräfte ist es nur durch seine Manifestationen und Ausdrucksformen bekannt. Wir kennen es am innigsten aufgrund seiner

Präsenz in uns selbst, aber dennoch kennen wir es nur in der jeweiligen Phase der Entwicklung, die es in uns selbst erreicht hat; im Übrigen müssen wir seine Manifestation in anderen Lebensformen betrachten. Die Philosophen behaupten, und dies mit augenscheinlicher Unterstützung von Tatsachen, dass das Prinzip des Verlangens in unbelebten Dingen aktiv zu finden ist – in Atomen, Molekülen und Massen anorganischer Materie sowie in den physikalischen Kräften und Energien der Materie. Aber wir werden in unserer Untersuchung nicht so weit zurückgehen, sondern mit den elementaren Lebensformen beginnen.

Selbst in den niedrigsten Lebensformen – auch in den Formen des Pflanzenlebens – manifestiert sich das Verlangen in drei allgemeinen Richtungen, nämlich (1) in Richtung der Erhaltung der physischen Form oder des Körpers; (2) in Richtung der Befriedigung des Hungers oder des Verlangens nach Nahrung; und (3) in Richtung der Erhaltung der Art oder der Befriedigung des Verlangens nach Vermehrung. Diese drei Richtungen des Verlangens und die Aktivitäten, die sich aus ihrem Ausdruck ergeben, sind die drei Phasen des grossen elementaren Verlangens nach Leben oder "des Willens-zu-Leben". "Sie repräsentieren das elementare Verlangen des Lebens, zu leben, das Leben zu erhalten und die Übertragung des Lebens auf die Nachkommen zu sichern.

Diese drei Phasen des Verlangens sind im Einzeller und im Menschen vorhanden. Selbst in den einzelnen Zellen, aus denen sich die Körper von Pflanzen und Tieren zusammensetzen, manifestieren sich diese drei Phasen des Verlangens aktiv – jedes Lebewesen, von Zelle zu Mensch, strebt danach, seine physische Form intakt zu schützen, Lebensmittel und Nahrung zu sichern und sich zu vermehren. Dieses Verlangen ist elementar und grundlegend – es geht nach dem Muster der Appetenz, oder des Instinkts und des bewussten Gefühls vor. Es manifestiert sich mit ebenso grosser Kraft in den niederen Lebensformen wie in den höheren. Die Natur (in ihrem Geist des Verlangens) arbeitet stets daran, das Leben der individuellen Form, durch die sie sich manifestiert, zu bewahren und zu erhalten; sie zu veranlassen, die richtige Nahrung zu sichern, um das Leben zu erhalten; und sie zu veranlassen, ihre Art zu verbreiten und sich durch Nachkommen zu vermehren. Hier haben wir also eine elementare Grundlage des Verlangens, auf der die gesamte Struktur aufgebaut ist.

Das Verlangen zu Leben.

Das Verlangen zu Leben und den physischen Körper vor Gefahren und Verletzungen zu bewahren zu schützen; der "Wille-zu-leben"; der "Kampf ums Leben"; all dies sind Formen und Phasen jenes grundlegenden, instinktiven Verlangens zu Leben, das in allen Lebewesen, pflanzlich oder tierisch, von einer einzelnen Zelle bis zum Menschen, zu finden ist. Das Lebewesen muss sich nicht in diesen Glauben hinein argumentieren – er ist instinktiv. Selbst der pessimistischste Mensch, der behauptet, dass sein Verstand ihm die Wertlosigkeit des Lebens zeigt, wird vor allem fliehen, was sein Leben bedroht – er kann nicht anders, denn es ist instinktiv.

Von diesem Verlangen zu Leben entspringen an viele andere Vorlieben und Abneigungen, mit ihren entsprechenden Verlangen. Die Dinge, von denen man annimmt, dass sie dem Leben und der Gesundheit förderlich sind, werden als "gut" angesehen; die, von denen man annimmt, dass sie schädlich sind, werden als "schlecht" angesehen. Der Mensch sucht instinktiv nach den lebens- und gesundheitsspendenden Dingen und vermeidet das Gegenteil. Schmerz ist das Gefahrenzeichen der Natur und warnt vor lebens- oder gesundheitsgefährdenden Dingen. Primitive und elementare, genussproduzierende Dinge haben sich in der Regel als ursprünglich förderlich für das körperliche Wohlbefinden erwiesen.

Die Qualitäten oder Gefühle der Kampfbereitschaft und Zerstörungskraft, die Elemente des Mutes und der Tapferkeit sowie die Eigenschaften der Vorsicht, der List und der Umsicht, die bei den niederen Tieren, beim primitiven Menschen und beim zivilisierten Menschen zu beobachten sind, sind vor allem als Reaktion auf das instinktive Gefühl und den Wunsch nach Leben und der Selbsterhaltung entstanden. Das Lebewesen hielt es für notwendig, sich vor seinen Feinden zu schützen, und entwickelte die Eigenschaften der Selbstverteidigung; diejenigen Individuen oder Arten, denen diese Eigenschaften fehlten, starben im Kampf um die Existenz. Diese Tendenzen wurden in der Frühgeschichte der Menschheit "gesetzt" – tatsächlich waren sie wahrscheinlich gut in der vererbten Natur des primitiven Menschen verankert, der ihn durch die Evolution erreicht hatte. Dass diese Qualitäten und ihre Wünsche im zivilisierten Menschen in seiner ursprünglichen Kraft, wenn auch meist unter der Oberfläche verborgen, erhalten geblieben sind, zeigt sich in der Rückbesinnung des Menschen auf seine primitiven Gefühlszustände und -wünsche in Kriegszeiten und in seinem Geschmack, physische Sportarten zu erleben und auszuüben, an denen die Elemente Ringen, Kampf, Anstrengung und Wettbewerb beteiligt sind.

Hier ist ein gute Stelle, um Ihre Aufmerksamkeit auf eine interessante und wichtige Tatsache der Psychologie zu lenken. Der Grundsatz kann wie folgt formuliert werden: "Eine Gewohnheit, die sich ursprünglich in der Menschheit aus Gründen der Notwendigkeit gebildet hat und die durch Wiederholung über viele Generationen hinweg festgelegt wurde, erwirbt allmählich die Qualität der Vergnügungserzeugung; und als eine vergnügungserzeugende Tätigkeit hält diese Gewohnheit, fest verankert, in der Menschheit an, lange nachdem die ursprüngliche Notwendigkeit verschwunden ist." Dies erklärt die Tatsache, dass Jagd, Fischerei, Fangen, körperliche Geschicklichkeits- und Krafttests, Spiele, die körperliche Stärke und Beweglichkeit erfordern, usw. von Männern, die nicht mehr gezwungen sind, diese Kräfte und Künste zum Selbstschutz, zur Selbsterhaltung und zum körperlichen Wohlbefinden auszuüben, als "genussproduzierend" angesehen werden.

Viele der instinktiven Ängste und Abneigungen des Menschen sind ursprünglich aus den frühen Erfahrungen der Menschheit entstanden, in der das Element der Selbsterhaltung ins Spiel gebracht wurde. Diese Abneigungen führten zu Handlungen und Verhaltensweisen, die den primitiven Menschen vor Verletzung oder Tod im harten Existenzkampf auf der physischen Ebene, die zu seiner Zeit wütete, bewahrten. Dass sie bis heute bestehen, wenn die Notwendigkeit für sie weitgehend verschwunden ist, ist nicht verwunderlich, wenn man bedenkt, dass unzählige Generationen von Menschen, die sie manifestieren, ihnen eine "feste" Gewohnheitsform in menschlichem Instinkt und Charakter gegeben haben.

Professor Schneider sagt: "Es ist eine Tatsache, dass Menschen, besonders in der Kindheit, Angst haben, in eine dunkle Höhle oder einen düsteren Wald zu gehen. ...... Es ist ziemlich sicher, dass diese Angst bei einer bestimmten Wahrnehmung manchmal direkt vererbt wird. Kinder, die vor allen Geistergeschichten sorgfältig behütet wurden, haben dennoch Angst und Schreien, wenn sie an dunkle Orte geführt werden, besonders wenn dort Geräusche gemacht werden. Selbst ein Erwachsener kann leicht beobachten, dass ihm nachts in einem einsamen Wald ein unbequemes Unbehagen überkommt, obwohl er vielleicht die feste Überzeugung hat, dass nicht die geringste Gefahr in der Nähe ist. Dieses Gefühl der Angst tritt bei vielen Menschen auch nach Einbruch der Dunkelheit zu Hause auf, obwohl es in einer dunklen Höhle oder im Wald viel stärker ist. Die Tatsache einer solchen instinktiven Angst ist leicht zu erklären, wenn unsere Vorfahren über unzählige Generationen hinweg daran gewöhnt waren, gefährliche Tiere in Höhlen, insbesondere Bären, zu treffen, und grösstenteils von solchen Tieren in der Nacht und im Wald angegriffen wurden, und dass somit eine untrennbare Verbindung zwischen den Wahrnehmungen von Dunkelheit, Höhlen, Wald und Angst stattgefunden hat und geerbt wurde."

Das Verlangen nach Nahrung

Das Verlangen nach Nahrung in Form von Essen, Trinken usw. ist auch ein elementares, primitives, instinktives Gefühl und Bedürfnis. Der Fortbestand und das Wohlbefinden jedes physischen Körpers hängt von der Ernährung ab, und die "Willen-zu-Leben" prägt jedem Geschöpf den starken, beharrlichen Drang ein, dies zu erreichen. Diese Phase und Form des Verlangens ist so elementar, dass die Begriffe "Hunger" und "Durst" die stärksten Ideen und Gefühle von Begehren, Streben und Verlangen repräsentieren, zu denen der menschliche Geist fähig ist. Die Begriffe "Tanha" und "Trishna", mit denen die Buddhisten die Natur des "Willens-zu-Leben" beschreiben, bedeuten "Hunger" bzw. "Durst". Eine der Definitionen von "Hunger" ist "ein starkes oder eifriges Verlangen oder eine Sehnsucht".

Viele der sekundären Wünsche von Tieren und Menschen leiten sich aus dem elementaren Verlangen nach Nahrung und Futter ab. Zum Beispiel sehnen sie sich nach den Orten, an denen es Nahrung gibt; sie wünschen sich die Mittel, um diese Nahrung zu erhalten: Der Mensch begehrt die Qualitäten und Kräfte, die es ihm ermöglichen, Nahrung zu sichern. Der Wunsch nach Nahrung ist die oberste wirtschaftliche Notwendigkeit, und das Handeln des Einzelnen und der Nationen verläuft im Sinne dieses Bedürfnisses und Verlangens. In Zeiten der Hungersnot verdrängt dieser elementare Drang die späteren Tendenzen der Zivilisation und veranlasst die Menschen, in den Zustand ihrer primitiven Vorfahren zurückzukehren, mit denen der Hunger eine gemeinsame Erfahrung war. Ein hungernder Mensch wird oft in vielerlei Hinsicht wie ein Wilder oder ein wildes Tier. Im Zustand der Zivilisation sind sich die Menschen dieses starken elementaren Verlangens nicht so bewusst, weil sie kaum jemals wirklich hungrig werden; aber lasst sie für kurze Zeit der Nahrung beraubt werden, und die alte wilde Forderung manifestiert sich in ihrer ursprünglichen Kraft.

IV DIE EVOLUTION DES VERLANGENS (FORTSETZUNG)

Der Wille-zu-Leben, oder die Lebenskräfte der Natur, befassen sich nicht nur mit der Erhaltung und dem Fortbestand des Lebens des Einzelnen, sondern ebenso wahrhaftig und gewaltsam mit der Verbreitung und Übertragung des Lebens auf die Nachkommen – mit dem Leben der Art wie mit dem des Einzelnen.

Verlangen nach Fortpflanzung

Das elementare Verlangen nach Fortpflanzung der Art, nach Übertragung des Lebens durch die Nachkommenschaft, ist eines der grundlegendsten und elementarsten und auch eines der mächtigsten Verlangen aller Lebewesen. Sein wesentlicher Geist bekundet sich in unterbewussten Linien, und das Lebewesen handelt instinktiv, um den Drang des Verlangens meist ohne bewusste Anerkennung des Zwecks in Hinblick auf die Natur oder den "Willen-zu-Leben" zu bekunden und auszudrücken – aber diese Zwecke sind definitiv und dennoch sicher. Dieses Verlangen ist in seinen verschiedenen Formen und Phasen so stark, dass das einzelne Geschöpf oft sein eigenes Leben opfert, um die Objekte des Verlangens zu verfolgen.

Dieser elementare Wunsch manifestiert sich in zwei allgemeinen Formen oder Phasen – von denen jede mit dem gleichen ursprünglichen Ziel vor Augen vorgeht, obwohl dieses nur unbewusst existiert. Diese beiden allgemeinen Formen oder Phasen sind wie folgt: (1) Liebe zu und Verlangen nach Gefährten; und (2) Liebe zu, Verlangen nach und Verlangen nach dem Schutz und der Versorgung der Nachkommen. Die Liebe zu Heimat, Land, Menschen – und ihre abgeleiteten Emotionen von Patriotismus und Rassentreue – kommen ebenfalls aus derselben allgemeinen Quelle. Die Natur, oder "der Wille-zu-Leben", hat hier die Aufrechterhaltung von Stamm, Familie, Spezies und Rasse im Blick.

Die Liebe der Gefährten ist ein sehr starkes Gefühl, und die damit verbundenen Wünsche sind von sehr starker Natur. Die Menschen haben bereitwillig ihr Leben für die Jagd nach ihren Gefährten und deren Schutz gegeben; die niederen Tiere zeigen die gleiche allgemeine Tendenz in ebenso starkem Masse. Auf Skala des Lebens aufsteigend nimmt diese Form des Verlangens eine zusätzliche Komplexität und einen erhöhten Grad an Finesse und Behutsamkeit an – aber der elementare Drang liegt immer unter und hinter dem Gefühl und dem Verlangen.

Der "Ruf des Geschlechts" und der "Paarungstrieb" unterscheiden sowohl die Rasse der Menschen als auch die der niederen Tiere. Im primitiven Menschen ist dieser Wunsch nur wenig höher als der der niederen Tiere; während er im kultivierten Menschen weit über seine Quelle hinausgeht und eng mit anderen Gefühlen und Wünschen verbunden ist. Aber auch in seinen höheren Formen ist der elementare und primitive Drang vorhanden – der Geschmack seines Salzes durchdringt den ganzen Ozean der Liebe zum Mann für die Frau und zur Frau für den Mann und dringt sogar in seine geschütztesten Buchten, Lagunen und ozeanischen Flüsse vor. Selbst in der so genannten platonischen Liebe ist ihr Zungenschlag spürbar, wenn auch scheinbar ungesucht und oft eine Zeit lang ignoriert.

Die Natur – was auch immer wir damit meinen – ist scheinbar vom "Willen-zu-Leben" inspiriert, Existenz durch ihre vielfältigen Lebensformen zu manifestieren; sie hält es für notwendig, ihre Geschöpfe dazu zu bringen, ihre Art zu verewigen, damit sie diesen "Willen-zu-Leben" in der Zukunft der Lebensformen so manifestieren kann. Wenn ihre Geschöpfe nicht in irgendeiner Weise inspiriert werden, die Flamme des Lebens von den Fackeln der einen Generation auf die der anderen zu übertragen, wird sie nicht in der Lage sein, eine kontinuierliche und ununterbrochene Existenz zu manifestieren. Vor diesem Hintergrund arrangiert Dame Natur geschickt die Pflege des Lebenszyklus. Sie arbeitet auf wundersame Weise, um die Erfüllung ihrer Wünsche und Zwecke zu erreichen, und nur wenige entkommen ihrem Netz.

Anstatt nur eine treibende Kraft einzusetzen, setzt sie aber auch eine anziehende Energie ein. Diese Energie manifestiert sich in den Gefühlen, Emotionen, Zuneigungen und Wünschen der Liebe der Gefährten – dem "Paarungsinstinkt", dem "Ruf des Geschlechts". Die Natur hält ihre massive Form im Hintergrund und weit ausser Sicht, und nutzt den rotwangigen, prall geformten Cherub namens Cupido, um das Herz des Menschen zur Liebe zu erwecken. Sie setzt Diplomatie ein, um ihre Ziele zu erreichen.

Das sagt Emerson uns: "Der Liebende sucht in der Ehe sein eigenes privates Glück und seine eigene Perfektion ohne voraussichtliches Ende. Aber die Natur verbirgt in seinem Glück ihren eigenen Zweck – die Erhaltung der Menschheit. Wir werden mit den gleichen Mitteln zum Leben erweckt und am Leben erhalten." Bronson sagt: "Wenn sich der Mann und die junge Dame sich treffen, Blicke austauschen und diese eigentümlichen kleinen Herzgeräusche erleben, gibt es etwas mehr als das, was wirklich passiert. Dann ist die Natur am Werk – an ihrer Lieblingsbeschäftigung. Im Glück der Liebenden verbirgt sich der fröhliche Inhalt der Natur. In ihrem ekstatischen Lächeln ist der selbstgefällige Ausdruck der Zufriedenheit auf dem Gesicht der Natur zu erkennen. In ihren leidenschaftlichen Bekenntnissen, Protesten und Versprechungen sind die Echos des zufriedenen Seufzers der Natur zu hören. Die Liebenden fühlen sich durch das Lied der Liebe so erhaben, dass sie denken, dass die Natur stillstehen, beobachten und zuhören muss. Die Natur beobachtet und hört zu – und zwar auch sehr aufmerksam; aber sie steht nicht still – auch nicht für einen Moment. Sie ist zu sehr damit beschäftigt, Dinge für die Liebenden und übrigens auch für sich selbst auszuarbeiten."

Im Falle des primitiven Menschen war der Paarungstrieb nur wenig mehr als der Geschlechtstrieb der niederen Tiere; die Paarung war nur für einen kurzen Zeitraum, und die Gefährten wurden mit den Jahreszeiten gewechselt. Aber als der Mensch in der Skala aufstieg, nahm der Paarungstrieb eine höhere, komplexere und dauerhaftere Form an. Allmählich dämmerte dem Menscheitsbewusstsein die Idee von Haus und Familie – von einer dauerhafteren Vereinigung. Die Idee der Gemeinschaft begann, ihre wundersamen Kräfte mit immer grösserer Kraft zu manifestieren. Die Idee eines "Gefährten" begann eine neue Bedeutung anzunehmen – die Bedeutung von Gemeinschaft und Kameradschaft.

Am Anfang wollte der Mensch nur einen körperlichen Gefährten. Dann wollte er einen Gefährten – einen sozialen Gefährten. Dann fing er an zu wollen, dass sein Gefährte seine emotionale Natur, seine Vorlieben und seinen Geschmack teilte – er wollte, dass sie "die Dinge liebt, die ich liebe". Auch die ästhetischen Emotionen und Wünsche kamen ins Spiel. Auch die intellektuellen Gefühle und Wünsche gingen in die Kombination ein. Schliesslich will der Mensch nun physisch, mental, emotional und spirituell miteinander verbunden werden. Wir hören jetzt von mentalen Gefährten, physischen Gefährten und sogar von "Seelenverwandten". Das primitive Element des Sex ist jedoch immer da, obwohl es sich in komplexeren und subtileren Linien manifestiert. An alle zukünftigen Partner, Sex äussert diese Warnung: "Diejenigen die mich aussen vor lassen verrechnen sich schwer." Die Natur und der "Wille-zu-Leben" verwalten die Angelegenheiten immer noch in ihrem eigenen Interesse.

Die Liebe zum Nachwuchs

Eine weitere Phase des Verlangens nach Fortpflanzung ist die, die sich in der Liebe zum Nachwuchs und im Wunsch nach Schutz und Versorgung der Jungen manifestiert. Die Liebe zum Nachwuchs und der Wunsch, die Jungen zu schützen und zu versorgen, ist eine der stärksten und hartnäckigsten Formen von Gefühl und Verlangen. Es kommt in den höheren Arten der niederen Tiere sehr häufig vor und ist eines der Hauptmotive für menschliches Verhalten und Handeln. Das Elterntier oder der Mensch zögert häufig nicht, das Leben zur Verteidigung der Nachkommen zu riskieren oder gar zu opfern; es ist üblich, dass die Eltern Hunger und Entbehrung erleiden, damit die Wünsche der Nachkommen erfüllt werden.

Auch hier zeigt sich die Natur oder der "Wille-zu-Leben" in ihrem sorgfältigen und beharrlichen Bemühen, das Wohlergehen der jungen Kreatur zu sichern. Der "Wille zum Schutz und zur Versorgung der Jungen", der sich in der Natur manifestiert, zeigt sich nicht nur in der Implantierung im Wettlauf um das Gefühl und den Verlangen, die mehr oder weniger dauerhafte Paarungsunion der Eltern aufrechtzuerhalten. Die Natur hat nicht nur die Geburt des jungen Lebewesens im Blick, sondern auch seinen Schutz nach der Geburt, bis sie in der Lage sind, für sich selbst zu sorgen. Zum einen überlagert sie den "Paarungstrieb" mit der emotionalen Natur der Lebewesen, zum anderen die "Liebe zum Nachwuchs" und das "Familiengefühl" mit der Natur des Tieres oder des Menschen. In letzterem haben wir den Schlüssel zu vielen wichtigen Verlangen und Aktivitäten des Menschen und der niederen Tiere.

Die Wissenschaft hat die Wahrheit des allgemeinen Satzes festgestellt, dass "der Grad der Bekundung des Paarungstriebes in Richtung einer mehr oder weniger dauerhaften Verbindung zwischen dem männlichen und dem weiblichen Tier sowie in Bezug auf die Gründung und Aufrechterhaltung der Familiengruppe direkt davon abhängt, inwieweit der männliche Elternteil benötigt wird, um für die Mutter und die Nachkommen zu sorgen und ihnen zu helfen". Diese Aussage bezieht sich auf die Art, nicht auf das jeweilige Individuum.

In vielen Fällen erstreckt sich der Zusammenschluss der Gefährten lediglich über den Zeitraum der unmittelbaren Bedürfnisse der Nachkommen und der stillenden Mutter. Die Jungen der Reptilien und Fische benötigen keine väterliche oder elterliche Fürsorge, und als Folge davon gibt es keine wirkliche Vereinigung oder Paarungsbeziehung zwischen den Eltern; selbst wenn es einen Anschein von Dauerhaftigkeit in der Vereinigung gibt, wird festgestellt, dass das Weibchen für einen kurzen Zeitraum vor der Geburt der Jungen einen gewissen vorübergehenden Schutz benötigt. Alle diese Assoziationen zwischen den Reptilien und Fischen hängen offensichtlich ganz vom Wohlergehen der zukünftigen Nachkommen ab.

Die Vögel paaren sich und bilden eine Verbindung, die in der Regel nur während der Nistzeit besteht. Das Männchen wird benötigt, um das Nest zu schützen, den brütenden Hühnervogel zu füttern und die Jungen zu füttern. Der Kuckuck und ähnliche nestraubende Vögel, die ihre Eier in die Nester anderer Vögel legen und dadurch von jeglicher Pflege des Schlupfens der Eier oder der Fütterung der Jungen befreit werden, zeigen über den Zeitraum des vorübergehenden Sexualimpulses hinaus keine wirkliche Bindung für ihre Gefährten, und sie bilden auch keine Paarungsverbindungen von kürzester Dauer. Solche Vögel, die immer von der Verantwortung der Elternschaft befreit sind, sind die "Varietäten" der Vogelfamilie, die promiskuitiv und wahllos assoziieren und für keinen bestimmten Zeitraum in der Gesellschaft des anderen bleiben.

Nicht nur das, sondern auch die echten Mütter im Tierreich zeigen materielle Zuneigung nur im Grad der Bedürfnisse der Jungen und nur in der Zeit, in der ein solcher Schutz erforderlich ist. So haben beispielsweise die Reptilienmütter und die Fischmütter keine Verantwortung für ihre Nachkommen, da die jungen Kreaturen von Geburt an auf sich selbst aufpassen können; folglich zeigt der Mutterfisch oder das Mutterreptil in solchen Fällen keine Anzeichen von mütterlicher Zuneigung; das gilt auch für die Insekten. Dennoch, seltsamerweise, werden solche Kreaturen in der Regel eine instinktive Zuneigung zu ihren Eiern empfinden und werden sogar ihr Leben riskieren oder opfern, um ihre Eier zu schützen oder um die Eier unter günstigen Bedingungen für ihren Schutz und ihre Entwicklung abzulegen; dies geschieht, indem das emotionale Gefühl, die Zuneigung und das Verlangen vergehen, nachdem sie dem Zweck der Natur angemessen gedient haben.

Die instinktive Pflege und Mühe, die das weibliche Insekt an einem vielversprechenden und geeigneten Ort zum Ablegen seiner Eier zeigt, ist eines der grossen Wunder der Naturgeschichte. Den Beweis für diesen Instinkt erfährt die Hausfrau, als sie wertvolle, von der Motte zerstörte Kleidung entdeckt, denn die Muttermotte hat sich einen schönen dunklen Schrank mit weichen Wollstoffen gesucht, in dem sie ihre Eier ablegen kann. Die Wespe, die in die Unempfindlichkeit der Spinne sticht, um ihre Eier im lebenden Körper des letzteren abzulegen, so dass ihre zukünftigen Nachkommen mit frischem Futter versorgt werden können, ist ein weiteres Beispiel für dieses Naturgesetz. Der gewöhnliche Mistkäfer beweist eine ähnliche Sorgfalt und Fürsorge um das Wohlergehen seiner Eier. Doch keines dieser Lebewesen zeigt beim Schlüpfen auch nur die geringste Zuneigung für seine Jungen – ihre Jungen brauchen keine solche Zuneigung und Fürsorge, und folglich sind die Mutterlebewesen nicht mit den Gefühlen und Wünschen ausgestattet, die zu diesen führen.

Professor William James sagt: "Warum unterwirft sich die Henne der Langeweile, eine so furchtbar uninteressante Menge von Objekten wie ein Eiern zu inkubieren, es sei denn, sie hat eine Art prophetischen Instinkt für das Ergebnis? Warum stellt eine bestimmte junge Dame unseren Verstand auf den Kopf? Der gewöhnliche Mensch kann nur sagen: "Natürlich lieben wir die junge Dame – diese schöne Seele, die in dieser perfekten Form gekleidet ist, so greifbar und schamlos aus aller Ewigkeit gemacht, um geliebt zu werden! Und so empfindet wahrscheinlich jedes Tier bei besonderen Handlungen, die es als Reaktion auf bestimmte Reize ausführt. Für die brütende Henne erscheint die Vorstellung ungeheuerlich, dass es ein Wesen auf der Welt geben könnte, dem ein Nest voller Eier nicht das absolut faszinierendste, kostbarste und nie-genug-darauf-sitzen-zu-könnende Objekt bedeutet, das es für sie ist. Welch ein köstlicher Nervenkitzel darf eine Fliege nicht erschüttern, wenn sie endlich das eine Blatt (oder ein anderes Objekt oder Material) entdeckt, das aus aller Welt ihr Eierlegen stimulieren kann? Muss sie sich um die zukünftige Made und ihr Essen kümmern oder etwas über wissen?"

Sie haben bemerkt, dass, wenn die Nachkommen keine Aufmerksamkeit, Fürsorge und Nahrung mehr benötigen, das Muttertier sie von ihr wegstösst und sie von nun an zwingt, ihr Leben "allein" zu führen. Wenn diese Zeit vergangen ist, scheint all ihre mütterliche

Zuneigung auszusterben; und von nun an sind die jungen Tiere nicht mehr für die Mutter da als eines der vielen anderen Tiere ihrer Bekanntschaft. Die Not der Nachkommen ist vorbei – die Emotion hat ihren Teil dazu beigetragen, und das Verlangen vergeht.

Selbst im menschlichen Leben sehen wir oft, wie die stärkste Zuneigung im Herzen einer Frau für ein mutterloses Kind aufwächst, das nicht durch Blutbande mit ihr verbunden ist; dies vor allem, wenn sich die Fürsorge für das Kleinkind vorübergehend auf sie übertragen hat. Selbst die kaltherzigste Frau wird in der Regel lernen, ein Baby zu lieben, für das sie ständig zu sorgen und zu behüten gezwungen ist; und selbst der kaltherzigste Mann wird eine Zuneigung zu einem Kind empfinden, für das er gezwungen ist, sich persönlich um es zu kümmern – es gibt "etwas in ihnen", das sie so handeln und fühlen lässt. Die Bauern wissen, dass, wenn einem mutterlosen Lamm einmal von einem Mutterschaf erlaubt wird, an seinen Zitzen zu stillen, dieses Lamm danach von diesem Mutterschaf sorgfältig geschützt wird, auch wenn es vor dem Säugen nicht willkommen war und es sogar dazu überredet werden musste, es zunächst stillen zu lassen. Das Bedürfnis der jungen Kreatur weckt die instinktive Zuneigung und das Verlangen des älteren Tieres.

Es wird angenommen, dass das instinktive Gefühl und der Wunsch des menschlichen Geschöpfes nach einer dauerhaften Paarung und Vereinigung – die Schaffung und Aufrechterhaltung der "Familie" – aus den lang anhaltenden Bedürfnissen der menschlichen Mutter und des menschlichen Kindes nach dem Schutz des Vaters entstanden sind. Als ein Kind vergleichsweise in der Lage war, sich um sich selbst zu kümmern, war ein anderes Kind da, um geschützt und versorgt zu werden. Saleeby sagt: "Die einzigartige Hilflosigkeit des menschlichen Babys – eine der wunderbarsten und wenig geschätzten Fakten in der ganzen Natur für Augen, die sehen können – hat einen äusserst praktischen Gesichtspunkt. Das Prinzip der Ehe ist das des Überlebenswertes. Das unveränderliche Kriterium der Natur ist der Überlebenswert oder der Dienst an der Menschheitskultur. Die Form der Ehe, die es den Babys nicht erlaubt zu überleben, dieser erlauben die

Babys nicht zu überleben. Es geht nicht um den Geschmack und die Phantasie des Vaters, sondern darum, was er über dem Boden hinterlässt, wenn er unter dem Boden ist."

Dies ist dann der tiefe Boden, aus dem die wunderbare Liebe von Mann und Frau zueinander entsprungen ist und gewachsen ist, in ihren höchsten und schönsten Formen, sowie in ihren rohesten und hässlichsten Phasen. Aus diesem Boden ist auch die schöne Liebe der Eltern zu ihren Kindern, der Kinder zu den Eltern entstanden. Es ist die Ursache des "Festhaltens" an Gefühlen und Verlangen, das in der Frau und dem Kind so stark ausgeprägt ist; des Verlangens, von der Frau und dem Kind "gehalten" zu werden, das tief in der Seele des Mannes liegt. Der Boden ist "Das Bedürfnis der Natur für das Wohlergehen und das Fortbestehen der Menschheit"; die Blüten und Blumen sind auf die Bodenbearbeitung durch Männer und Frauen und die liebevolle Pflege der wachsenden Pflanze zurückzuführen.

V DIE EVOLUTION DES VERLANGENS (ABSCHLIESSEND)

Das Verlangen nach Eigentum

Das Verlangen nach Eigentum ist ein weiteres elementares Gefühl und Handlungsmotiv. Eigentum bedeutet: (1) "Das ausschliessliche Recht auf Besitz, Genuss und Veräusserung von allem, was dem Einzelnen zusteht"; und (2) "das, was besessen, genossen und der Verfügung des Einzelnen unterliegt". Die Liebe und das Verlangen nach Besitz sind in den tiefen Boden der menschlichen Natur eingebettet. Einige der niederen Tiere besitzen es in ausgeprägtem Masse; und fast alle niederen Tiere empfinden das Recht auf den Besitz von Orten, Positionen usw. sowie auf deren Versorgung mit Nahrung.

Im Falle des primitiven Menschen entstand dieses Gefühl und Verlangen aus der Notwendigkeit, für sein Wohl und das seiner Familie zu sorgen. Es war notwendig, dass er einen Aufenthaltsort besass – eine Höhle, einen Baum, ein Zelt, etc. Es war notwendig, dass er zu bestimmten Jahreszeiten vorbeikam und einen Vorrat an Nahrung anhäufte; und dass er Land hatte, um es zu bestellen und für die Nahrungsmittelproduktion zu kultivieren. Die Individuen, die diesen Wunsch manifestierten, neigten dazu zu überleben und ihre Familien überleben zu lassen; diejenigen, bei denen es schwach war, neigten dazu, im Kampf mit der Umwelt zu fallen. Die Überlebenden übertrugen ihre Tendenzen auf ihre Nachkommen; die Verlierer hinterliessen keine Nachkommen, auf die ihre unvorsichtigen Tendenzen übertragen wurden. Und so wurde die Tendenz als Gewohnheit in der mentalen und emotionalen Natur der Menschheit "gesetzt".

Die Bedürfnisse des primitiven Menschen waren gering und einfach. Ein wenig Essen für sich und seine Familie, ein paar Häute, um ihre Körper zu bedecken, eine einfache Höhle, Hütte oder ein Zelt, um sie zu beherbergen, Werkzeuge des Krieges und der Jagd – das war alles. Als der Mensch in der Skala aufstieg, vervielfachten sich seine Wünsche, und folglich begann er zu wünschen, nicht nur eine grössere Anzahl von Dingen zu erwerben und zu sammeln, sondern auch eine grössere Vielfalt von Dingen. Der Rest ist nur eine Frage der Entwicklung dieser Form des Verlangens – ein Übergang vom Einfachen zum Komplexeren, von den wenigen Dingen zu den vielen, und so weiter. Dies ist die Geschichte des Verlangens nach Eigentum mit den damit verbundenen Gefühlen und Emotionen. Ursprünglich aus Gründen der Notwendigkeit, hat es sich heute auf Komfort und sogar Luxus ausgeweitet. Normalerweise manifestiert, liegt es im Interesse des Einzelnen und der Menschheit; anormal manifestiert, ist es ein Fluch für beide.

Die abgeleiteten Verlangen

Im Laufe der Evolution des Verlangens hat der Mensch viele Formen des Fühlens und Verlangens erworben, die sich aus den elementaren Wünschen ableiten, die für ihn instinktiv sind und die von uns eingehend geprüft wurden. So hat sich seine Liebe zu seiner Familie auf seine Zuneigung zu seiner allgemeinen Familie, seinem Stamm, seiner Nation ausgedehnt. Daraus haben sich in ihm die Wünsche nach Heimatliebe, Patriotismus und Loyalität zu seiner Regierung entwickelt, aber auch die sozialen Gefühle von Freundschaft, Kameradschaft, Sympathie, Gerechtigkeit, Wahrheit, Höflichkeit sowie der Wunsch nach der Einhaltung von Moralkodexen, Gesetzen, Regeln des rechten Verhaltens.

Ebenso haben die Notwendigkeiten der Nahrungsmittelbeschaffung, der Verteidigung von sich und der Familie, des Erwerbs von Besitztümern usw. in ihm die Gefühle und Verlangen geweckt, die mit Erfindung, kreativer Arbeit, konstruktiver Vorstellungskraft, Gedanken, Argumentation und anderen intellektuellen Kräften und Aktivitäten verbunden sind. Das alte Sprichwort, dass "Not die Mutter der Erfindung ist", kann erweitert werden, um in die Brut der Not die Aktivität des Denkens und der Vernunft aufzunehmen – den gesamten Fels der Familie des Intellekts.

Aus weniger gut definierten Quellen sind die Gefühle und Wünsche entstanden, die mit den ästhetischen Emotionen verbunden sind – die

Liebe zur Schönheit, Kunst, Musik, Literatur, Kultur, Verfeinerung, etc. Es besteht kein Zweifel daran, dass sie aus dem elementaren Boden entsprungen sind; die Aufstiegslinie ist jedoch nicht so deutlich erkennbar. Aus dem ursprünglichen Genuss der Erfahrungen der Jagd, der Schlacht, des Konflikts mit der Natur, der Tiere und der feindlichen Menschen sind die Gefühle und Wünsche entstanden, die mit Spielen, Sport, dem Drama, Geschichten und anderen Formen der Erholung, Bewegung und des "Spiels" verbunden sind. Das Spiel hat sich direkt aus Aktivitäten entwickelt, die sich mit der Notwendigkeit befassen, wie alle Psychologen wissen; die darauf basierenden Wünsche sind Reflexionen der älteren und gröberen Wünsche der elementaren Natur.

Aus den tiefen Schluofwinkeln der menschlichen Natur sind die Gefühle und Wünsche entstanden, die mit der sogenannten "Religion" verbunden sind. Aus den grobsten Anfängen und den grobsten Formen des Aberglaubens sind die schöne Pflanze und die Blume, die Blüte und die Frucht der höchsten Religionsvorstellung hervorgegangen, die heute von den fortgeschrittensten der Menschheit vertreten wird. Wie Herbert Spencer sagte: "Die ultimative Form des religiösen Bewusstseins ist die endgültige Entwicklung eines Bewusstseins, das zu Beginn einen Keim der Wahrheit enthielt, der durch eine Vielzahl von Fehlern verdeckt war." John Fiske sagte: "Diese innere Überzeugung, das Verlangen nach einer endgültigen Ursache, die theistische Annahme, ist selbst eine der Hauptfakten des Universums und hat genauso viel Recht auf Respekt verdient, wie man ihn irgendeiner Tatsache physischer Natur zollen kann." Darwin ist der Ansicht, dass die religiösen Gefühle, Emotionen, Zuneigungen und Wünsche sehr komplex sind, bestehend aus Liebe, vollständiger Unterwerfung unter ein erhabenes und geheimnisvolles höheres Wesen, gepaart mit einem starken Gefühl von Abhängigkeit, Angst, Ehrfurcht, Dankbarkeit, Hoffnung für die Zukunft und vielleicht vielen anderen Elementen.

Und so hat sich die Evolution der Verlangen des Menschen von niederen elementaren Anfängen und Quellen zu wunderbaren Höhen und Enden entwickelt. Aber die Quellen und der Boden dürfen nie vergessen werden, wenn man das Thema der wesentlichen Natur des Verlangens betrachtet. Darüber hinaus wird festgestellt, dass in Zeiten von grosser Belastung, Not oder ungewöhnlichen Bedingungen die Formen und Phasen des Verlangens, die sich zuletzt in der Skala entwickelt haben – die jüngsten Nachkommen in die Familie des Verlangens – die ersten sind, die vom Mann oder der Frau verworfen werden; dann folgen die nächst jüngeren und so weiter, bis, wenn die Notwendigkeit ausreichend gross und der Druck der Umstände ausreichend stark ist, und das Individuum dazu neigt, zum primitiven Typ zurückzukehren und nur die elementarsten und primitivsten Formen und Phasen von Gefühl und Verlangen zu manifestieren. Der "Höhlenmensch" ist der Oberfläche der zivilisierten Menschheit viel näher, als die meisten Menschen glauben. Schiffbrüchige Menschen, Menschen, die an den wilden Orten der Erde verloren gegangen sind, Menschen in Zeiten von Hunger und Pest, haben oft eine überraschende Tendenz gezeigt, in bemerkenswert kurzer Zeit auf die Ebene ihrer primitiven Vorfahren zurückzukehren. Es gut bemerkt, dass "Die Zivilisation im Menschen nur Haut-tief ist."

Einige idealistische Denker, die durch den Traum von der Kultur und Veredelung hypnotisiert wurden, die ihrer Meinung nach als der gemeinsame Besitz der kommenden Menschheit bestimmt zu sein scheint – ein Zustand der Kultur und Veredelung, in dem die elementaren und grundlegenden Instinkte, Gefühle, Emotionen und Wünsche des Menschen, die als unwürdig und "unhöflich" gelten, tief unter der Oberfläche von Dingen begraben worden sein werden – sind stark beunruhigt, wenn sie sehen müssen, dass die begrabenen Instinkte derzeit zumindest doch nicht so tief begraben sind und dass sie in Zeiten von Sturm und Belastung nicht begraben bleiben. Sie halten diese Tatsachen für bedauerlich und für etwas, das von der Menschheit zu beklagen ist. Für sie ist das "Elementarische" abscheulich – etwas, wofür man sich entschuldigen muss. Für sie sind die oberflächlichen Gefühle und Verlangen die einzigen würdigen – die Gefühle und Verlangen der grossen Tiefen der menschlichen Natur sind unwürdig und gelten als "das Zeichen des Tieres" auf ihnen.

Diese idealistischen Denker übersehen die Tatsache, dass die Feuer des Verlangens den Dampf des Willens erzeugen, und dass die Errungenschaften der Menschheit wesentlich davon abhängen, dass diese inneren Feuer immer wieder heftig brennen, mit einem schönen Luftzug, und frei von Klumpen und Asche. Zivilisation und Veredelung haben dem Menschen zweifellos viel gebracht, aber viele Menschen, die nach ihren Idealen der Kultur und Veredelung greifen, haben viel von ihrer ursprünglichen, elementaren Kraft des Verlangens verloren. Sie haben es zugelassen, dass ihre Feuer des Verlangens durch die Asche der künstlichen Zivilisation abgetötet und mit den Klumpen nicht essentieller Gefühle und Verlangen verstopft werden. Sie sehen nicht, dass die Feuer des Verlangens einer angemessenen Überwachung und Kontrolle bedürfen; ihre Durchzüge müssen zumindest teilweise offen gehalten werden, und ihre Roste müssen frei von Asche und Klumpen gehalten werden.

Die Männer und Frauen, die in jeder Hinsicht grosse Erfolge erzielt haben, haben die Asche und die Klinker ihrer Feuer des Verlangens beseitigt – sie haben den Ofen klar und sauber gehalten und die Zugluft bei Bedarf weit geöffnet. Wenn Sie die starken, erfolgreichen Männer und Frauen in irgendeinem Lebensbereich sorgfältig betrachten, werden Sie feststellen, dass jeder einzelne von ihnen mit dieser starken, beharrlichen, elementaren Kraft des Verlangens der Natur gefüllt ist (oder während seiner intensiven Tätigkeit gefüllt wurde) – diesem aktiven Prinzip des Verlangens, das sich in einem Mass an "Bedürfnis" und "Begehren" manifestiert, das nicht geleugnet werden kann. So unterschiedlich sie auch in ihren sekundären Qualitäten sein mögen, diese starken Individuen besitzen dennoch diese essentielle ursprüngliche Qualität gemeinsam, und sie manifestieren sie bei Bedarf – sie ist eine der charakteristischen Qualitäten ihrer Klasse. Es ist diese Grundqualität, die in ihrer jeweiligen erfolgreichen Karriere viel für sie getan hat.

Wenn Sie erfolgreich sein wollen, müssen Sie sich mit jenem heftigen, brennenden, beharrlichen, elementaren "Bedürfnis" und "Begehren" in

Ihrer eigenen Natur vertraut machen, das vielleicht unter der angesammelten Asche der Jahrhunderte der Kultur und Veredelung der Menschheit mit ihren jahrelangen künstlichen Lebensmethoden, die im Zuge der Zivilisation gefolgt sind, verborgen ist. Ihr primitives und elementares "Begehren" und "Wollen" muss so stark sein wie die lebenswichtige Forderung des ertrinkenden Menschen nach Luft; die Forderung des wüstenverlorenen oder schiffbrüchigen Menschen nach Wasser; die Forderung des hungernden Menschen nach Nahrung oder die Forderung der wilden Kreaturen der Wälder und Dschungel nach ihren Gefährten; die Forderung der Mutter nach dem Wohl ihrer Kinder.

Alle diese Formen des tiefen und brennenden Verlangens sind Ausdruck der elementaren Kräfte und Energien der Natur – des "Willens-zu-Leben" – der motiven Kraft, die die Natur bei der Ausführung ihrer Arbeit einsetzt und mit der sie ihren Zweck erfüllt. Sie brauchen diese Elementarenergie jedoch nicht in der gleichen Weise oder in der gleichen Richtung einzusetzen wie der primitive Mensch oder das wilde Geschöpf – Sie können sie in eine höhere Ausdrucksordnung und eine höhere Ebene der Bekundung verwandeln. Sie können Verlangen in Ambition oder Zielstrebigkeit verwandeln – dürfen dabei aber nicht versäumen, jedes Gramm der essentiellen und elementaren Energie und Stärke dieses Grundprinzips der Natur – des Prinzips des Verlangens – zu bewahren.

Das Prinzip des Verlangens in der Natur, in seinem ständigen Druck zur Bekundung und seinem Drang zum Ausdruck, während es sich offenbar mehr um die Erhaltung und das Wohlergehen der Art und der Menschheit als um das Wohlergehen einzelner Individuen kümmert – obwohl es dem Wohlergehen des einzelnen Lebewesens oft gleichgültig und scheinbar nur dem Erhalt der Art verpflichtet war – handelt dennoch immer nach dem Grundsatz, dass der Art und der Menschheit nur durch den Dienst am Individuum gedient werden kann. Während es also eine enorme Energiemenge in der Aufrechterhaltung der reproduktiven Wünsche und Aktivitäten manifestiert, dient es gleichzeitig in sehr wichtigen Ämtern in der Unterstützung und Entwicklung des individuellen Geschöpfes.

Biologen sind der Meinung, dass das Prinzip des Verlangens, das nach unbewussten Gesichtspunkten arbeitet, die bewegende Ursache für die physische und mentale Evolution der Lebensformen ist. Das Vorhandensein eines Hindernisses für den Fortschritt wird scheinbar durch das Lebensprinzip oder den Willen zu Leben festgestellt, und daraufhin wird ein erhöhter Grad an Kraft des Verlangens erzeugt und in der Lebensform manifestiert. Die Kraft des Verlangens bewegt sich immer auf die Sicherung dessen zu, was die Leistungsfähigkeit des Geschöpfes fördert und damit seine Überlebenschancen im Existenzkampf – dem Kampf gegen die Umwelt – erhöht. Es setzt die Lebensprozesse in Gang, die für eine Veränderung der physischen und mentalen Ausrüstung des Geschöpfes sorgen und die durch evolutionäre Entwicklung die notwendige physische oder mentale Ausrüstung entfalten.

Ein Schriftsteller zum Thema der hinduistischen Philosophien, der die Lehren dieser Philosophien über die Gegenwart und Kraft des Verlangens in der Natur betrachtet, sagt:

"Im hinduistischen Klassiker, dem 'Mahabarata', heisst es, dass Brahma die schönste Frau geschaffen hat, die je bekannt war, und sie Tillotama nannte. Er stellte sie wiederum allen Göttern vor, um ihr Staunen und ihre Bewunderung zu erleben. Sivas Wunsch, sie zu sehen, war so gross, dass er in ihm vier Gesichter hintereinander entwickelte, als sie die Besichtigung der Versammlung machte; und Indras Sehnsucht war so intensiv, dass sein Körper ganz zum Auge wurde. In diesem Mythos kann man exemplarisch die Wirkung des Verlangens in den Formen des Lebens, der Funktion und der Form sehen – alles folgt dem Bedarf und Verlangen, wie im Falle des langen Halses der Giraffe, der es ihr ermöglicht, nach den hohen Zweigen der Bäume in ihrem Heimatland zu greifen; und im langen Hals und den hohen Beinen der Fischervögel, des Kranichs, des Storches, des Ibis und anderer aus der grossen Familie.

"Der Wille zum Leben findet in sich selbst den Wunsch, Sonnen zu erschaffen, und sie werden weiterentwickelt. Er wünscht, dass sich die Planeten um die Sonnen drehen, und sie werden von den Sonnen geworfen, indem sie dem Gesetz gehorchen. Sie wünscht sich das Leben der Pflanze, und die Pflanzenformen erscheinen und arbeiten von einer niedrigeren zur höheren Form. Dann kam das Tierleben, von dem Einzeller bis zum Menschen. Einige der Tierformen ergaben sich dem Wunsch zu fliegen – und siehe da, die Flügel wurden allmählich weiterentwickelt, und die Welt war voll von Vögeln. Einige der Tiere verspürten den Wunsch, sich in den Boden zu graben, und siehe da, die Maulwürfe, die Ziesel und andere Erdhörnchen, die jeweils mit körperlicher und mentaler Ausrüstung für ihre jeweilige Lebensweise ausgestattet waren. Die Natur wollte eine denkende Kreatur, und siehe da, menschenähnliche Formen begannen sich zu entwickeln, und schliesslich kam der Mensch mit seinem wunderbaren Gehirn und manifestierte seine Kräfte."

Lamarcks Evolutionstheorie folgt der oben genannten Richtung des hinduistischen Denkens, die weitaus näher als die Denkweise Darwins. Darwin lehrte, dass die Evolution in erster Linie auf die natürliche Selektion und das Überleben des Stärkeren zurückzuführen ist oder hauptsächlich durch sie erreicht wurde. Lamarck räumte zwar die Bedeutung dieser Elemente ein, bestand aber dennoch darauf, dass in diesem Naturimpuls, der dem "Begehren aus der Not heraus" ähnelt, der ursprüngliche Drang nach Evolution und Fortschritt in den Lebensformen zu finden ist. Lamarck hielt fest, dass Not und Verlangen in den Lebewesen, der Funktion und Form zugrunde liegen und ihr vorausgehen, wobei letztere die Folgen des Verlangens sind.

Die orientalische Lehre über die Kraft des Verlangens in der evolutionären Entwicklung, die in einigen der fortschrittlichsten Formen unserer westlichen Philosophie genau verfolgt wird, ist nicht der Ansicht, dass sich dieses Schöpferische Verlangen hauptsächlich in Richtung des Bewusstseins manifestiert, wie wir es kennen. Im Gegenteil, es manifestiert sich viel häufiger unterhalb der Ebene des gewöhnlichen Bewusstseins – auf den Ebenen des Unterbewusstseins, des Instinktes, der Appetenz usw. Der "Bedarf" ist da, obwohl das Geschöpf sie in seinem Oberflächenbewusstsein nicht erlebt. Es existiert sowohl im Pflanzen- als auch im Tierleben – in jedem nach seinen Bedürfnissen.

Als Reaktion auf dieses "unter bewusste" Verlangen haben die Pflanzen Schutzmittel für sich selbst und ihre Samen entwickelt – Rinde und die harte Bedeckung der Nüsse, die Stacheln des Kaktus, der Disteln usw. wurden in Übereinstimmung mit diesem Kreativen Wunsch entwickelt. Die Süsse der Beeren, die dazu bestimmt sind, die Vögel anzulocken, die sie fressen und so die Samen verteilen, hat sich aus der gleichen Ursache ergeben – diese Regel gilt für die Farbe der Blumen und den darin enthaltenen Honig, die beide so entwickelt wurden, dass sie die Insekten anziehen, die dazu dienen, Pollen zu transportieren und so die Blumen zu befruchten. Die samenhaltigen Kletten, die sich an der Wolle der Schafe und anderer Tiere festhaken und so in die Ferne getragen und verteilt werden – auch diese wurden als Reaktion auf Bedürfnis und Verlangen entwickelt.

Auf die gleiche Weise wurden die Stosszähne, Zähne, Reisszähne und Krallen von Tieren – die Stiche von Insekten – und all die wunderbaren offensiven und defensiven Ausrüstungen von Lebewesen als Reaktion auf Bedarf und Verlangen entwickelt. Die harten Schalen der Krustentiere, der Schildkröten, der Gürteltiere – die Stacheln des Stachelschweins und des Igels – das scharfe Auge und die mächtigen Flügel des Adlers – die Schnelligkeit des Falken – der Schnabel des Spechts – alle wurden nach dem gleichen Gesetz entwickelt.

Die Geschichte der Entwicklung des Pferdes von seiner ursprünglichen Form des Eohippus bis zu seiner heutigen Form zeigt uns eindrucksvoll das Prinzip. Als Reaktion auf das Gesetz von Bedarf und Verlangen, das sich entlang der Evolutionslinien manifestiert, hat sich der Eohippus – ein Kleintier, das nicht grösser als eine Hauskatze ist, mit mehreren Zehen an jedem Fuss, mit Zähnen, die denen des Affen oder des Schweins ähneln, mit kurzem Hals, gewölbtem Rücken und ziemlich kurzen Beinen – über elf oder mehr verschiedene Stufen zum heutigen Pferd entwickelt – mit seinen langen Beinen, langem Hals, geradem Rücken, komplexen und langen Mahlzähnen, Hufen und grosser Grösse. Diese fast unglaubliche Entwicklung ist auf das Bedürfnis des Tieres zurückzuführen, das sich aus seiner sich verändernden Umgebung ergibt, und das Verlangen, das von diesem Bedürfnis ausgeht.

Der Mensch hat sich heute zur bewussten und selbstbewussten Ebene des Lebens entwickelt; aber seine Kraft des Verlangens ist immer noch latent in ihm und wartet auf seinen Ruf danach. So wie es die Körper und das Gehirn der Tiere durch die langsamen Phasen der Evolution aufgebaut hat, so wird es für den Menschen die mentalen und physischen Eigenschaften aufbauen, die durch sein Bedürfnis angezeigt werden – vorausgesetzt, er wird es nur "stark genug wollen", und wird den grossen Vorrat an elementarer, primitiver Kraft des Verlangens in sich selbst wecken und in Bewegung setzen. Er kann es so einsetzen, dass es für sich selbst nach bewussten Gesichtspunkten arbeitet, so wie es die Natur in der Vergangenheit getan hat, um für sich selbst nach unbewussten Gesichtspunkten zu arbeiten. Das, was in der Vergangenheit eine so grosse kreative Arbeit geleistet hat, kann und wird jetzt eine ebenso wunderbare kreative Arbeit leisten, vorausgesetzt, dass sie richtig in Anspruch genommen wird und unter der Leitung von Intellekt und Willen, definitiv und zielgerichtet eingesetzt wird.

VI ANZIEHUNGSKRAFT DES VERLANGENS

Das Prinzip der Kraft des Verlangens manifestiert sich nicht nur in Richtung, neue Attribute und Kräfte in Lebewesen zu entfalten, zu evolvieren und zu entwickeln, um die in ihnen durch Notwendigkeit geschaffene Nachfrage zu befriedigen, wie wir im vorangegangenen Abschnitt dieses Buches erklärt haben, sondern es geht auch dazu über, mittels einer weiteren wichtigen Phase der Macht, die es besitzt, nämlich der Anziehungskraft, ähnliche Ziele und Zwecke zu erreichen.

"Anziehungskraft (Attraktion)" ist definiert als "eine unsichtbare Kraft in einem Körper, durch die er etwas zu sich selbst zieht; die Kraft in der Natur, die gegenseitig zwischen Körpern oder Teilchen wirkt, und die dazu neigt, sie zusammenzuziehen oder ihren Kohäsion der Kombination zu produzieren, und sich umgekehrt der Trennung widersetzt." Der Begriff "Attraktion" leitet sich von zwei lateinischen Begriffen ab, nämlich "ad", was "zu" bedeutet; und "trahere", was "ziehen" bedeutet; die beiden werden im abgeleiteten lateinischen Begriff "attractus" kombiniert, was "ein Zusammenziehen" bedeutet.

In der Physik sind die Hauptformen der Attraktion die Anziehungskraft der Gravitation, die chemische Affinität der Atome, die kohäsive Anziehungskraft der Moleküle, die Anziehungskraft der elektrifizierten Körper und die Anziehungskraft des Magneten auf Eisen oder Stahl. In der Psychologie sind die Hauptformen der Anziehung diejenigen, die zwischen Lebewesen aufgrund ihrer gegenseitigen "Vorlieben" entstehen – die Kraft, die "Abstossung" genannt wird (die negative Form der Anziehung), die in der gleichen Weise, aber in einer entgegengesetzten Richtung wirkt und sich aus gegenseitigen "Abneigungen" ergibt.

Während die Physik frei zugibt, dass die Anziehung und Abstossung, die in und zwischen Lebewesen existiert und manifestiert wird, das Ergebnis der Wirkung von "Inneren-Kräften" und nicht von äusseren Kräften ist, hält sie in der Regel dafür, dass die Anziehung und Abstossung, die in und zwischen nicht lebenden Objekten und Lebewesen existiert und manifestiert wird, das Ergebnis einer äusseren Belastung oder Spannung ist, die auf die Objekte oder Lebewesen einwirkt, obwohl das Wesen solcher äusseren Kräfte als unbekannt und geheimnisvoll eingestuft wird.

In den letzten Jahren gab es jedoch eine entschiedene Tendenz zur Akzeptanz der Hypothese, dass auch nicht lebende Objekte und Dinge (wie z.B. die chemischen Elemente und Materieteilchen) die Eigenschaft der "Zu- oder Abneigung" für bestimmte andere Objekte und Dinge, und die Fähigkeit, auf solche inneren Zustände zu reagieren, besitzen. Diese Hypothese führt Anziehung und Abstossung in unbelebten Dingen eher auf "innere Kräfte" als auf äussere Kräfte zurück, wodurch sowohl leblose als auch lebende Objekte unter das gleiche allgemeine Gesetz der Anziehung gestellt werden.

Während diese neue Hypothese ein höchst interessantes Licht auf das Thema "chemische Affinität" und andere Formen der physischen Anziehung und Abstossung wirft – was zeigt, dass auch die Atome ihre "Vorlieben und Abneigungen" sowie ihre Reaktion darauf haben –, werden wir diesen Aspekt des Themas nicht berücksichtigen, da er ausserhalb des Bereichs unserer gegenwärtigen Arbeit liegt. Stattdessen werden wir jene Phase des neuen Wissens betrachten, die einen wichtigen Einfluss auf das Thema des Wesens und der Kraft der Anziehung des Verlangens in Lebewesen hat. Wenn "chemische Affinität", Magnetismus usw. wirklich Manifestationen der Kraft der "Zu- und Abneigung" – kurz, des Verlangens – sind, dann wird die Anziehungskraft des Verlangens in Lebewesen möglicherweise als eine Kraft des "Ziehens" angesehen, die vom Durchschnittsmenschen nur wenig vermutet wird.

Die "Mentalwissenschaftler" und die anderen Schulen der praktischen Metaphysik lehren seit dem letzten Vierteljahrhundert oder mehr "die attraktive Kraft des Denkens", d. h. die Lehre, dass Gedanken eine attraktive Kraft haben, die dazu neigt, die Dinge und Bedingungen, die dem Charakter seines allgemeinen Denkens entsprechen, anzuziehen oder auf einen Menschen zuzuziehen. Das neue Wissen über die Kraft des Verlangens in unbelebten Dingen dient dazu, die unbestreitbaren Fakten, die die Metaphysiker zur Unterstützung ihrer eigenen Theorien vorgebracht haben, wissenschaftlich zu erklären. Hier zeigt sich jedoch, dass Verlangen anstelle von Denken die wichtigste mentale Anziehungskraft ist. Da der "attraktive Gedanke" der Metaphysiker jedoch in der Regel durch die Kraft des Verlangens der ihn ausübenden Person inspiriert und angeregt wird, zeigt sich, dass die beiden Lehren dazu neigen, ineinander überzugehen und miteinander zu harmonisieren, anstatt sich zu widersetzen und zu widersprechen.

Die vielen Fälle der Koordination zwischen verschiedenen Lebewesen – zum Beispiel zwischen Pflanze und Insekt –, mit denen jeder das zur Kombination beiträgt, was dem anderen fehlt, was den wissenschaftlichen Beobachter längst verwirrt hat, sind nun unter dieser neuen Hypothese der Anziehungskraft des Verlangens erklärbar. Die Pflanze benötigt die Dienste des Insekts, um seine Art zu erhalten. Sie zieht das Insekt aufgrund des Honigs, den sie durch ihre Kraft des Verlangens entwickelt hat, und den das Insekt für die Nahrung benötigt, an; und mittels der Werbung für die Anwesenheit des Honigs durch die Farben der Blumen. Es gibt einen Zusammenhang zwischen Blume und Insekt, der durch die Kraft des Verlangens entstanden ist. Die seltsamen Anpassungen des Nahrungsbedarfs bestimmter Pflanzen und die scheinbar instinktive Reaktion bestimmter Chemikalien darauf liefern uns weitere markante Beispiele. Verschiedene Dinge "brauchen" sich gegenseitig, um ihre jeweilige Natur auszudrücken und ihre jeweiligen Schicksale zu manifestieren – und so "ziehen" sie sich gegenseitig an. Die Wissenschaft liefert uns viele Beispiele für diesen gegenseitigen Dienst und Zusammenhang.

Abgesehen von den allgemeineren Aspekten und Phasen dieses wichtigen und wunderbaren Wirkens der Feineren Kräfte der Natur und direkt zu den Phasen des allgemeinen Prozesses, die sich unmittelbar auf das menschliche Individuum beziehen, würden wir sagen, dass der wesentliche Geist dieser besonderen Operation im folgenden Aphorismus zum Ausdruck gebracht werden kann: "Die stärksten und hartnäckigsten Wünsche des Individuums ziehen das an, was eng mit diesen Verlangen verbunden ist oder mit ihnen korreliert (oder das Individuum wird von denselben angezogen)." Das heisst: Die starken, beharrlichen Verlangen eines Menschen neigen dazu, das zu ihm zu ziehen, was mit solchen Verlangen eng verbunden ist, und neigen gleichzeitig dazu, ihn zu diesen verbundenen Dingen zu ziehen. Die Anziehungskraft des Verlangens wirkt auf zwei allgemeine Arten, nämlich (1) um dem Individuum die Dinge nahe zu bringen, die mit seinen Verlangen eng verbunden sind; und (2) um das Individuum von solchen verbundenen Dingen anzuziehen.

Es ist noch nicht genau bekannt, wie die Natur in diesem wichtigen Prozess des Attraktiven Verlangens oder der Kraft des Verlangens voranschreitet, aber allgemein kann man sagen, dass die Handlung hauptsächlich auf den Ebenen der unterbewussten Mentalität und nicht auf den Ebenen des gewöhnlichen Bewusstseins ausgeführt wird; und dass dabei zweifellos die allgemeine Klasse der mentalen Aktivität, die als "Telepathie" bekannt ist, ins Spiel gebracht wird. Das gesamte Thema ist an den allgemeinen Aktivitäten des "Unterbewusstseins" beteiligt, da es sich in der Tat um ähnliche Themen handelt. Was auch immer die richtige Hypothese sein mag, ist die Wahrheit der Hauptfakten der Anziehung des Verlangens jedoch eine Frage der tatsächlichen Erfahrung der Menschheit und wird durch die Vorfälle der tatsächlichen Erfahrung bestätigt, die im Leben fast jeder Person auftreten, die einen definitiven Zweck, beharrliches Verlangen und einen entschlossenen Willen manifestiert.

Nach Ihrer eigenen Erfahrung haben Sie mit grosser Wahrscheinlichkeit viele Fälle von der Funktionsweise dieses subtilen Naturgesetzes erlebt. Sie haben Sich intensiv für ein bestimmtes Thema interessiert, und Ihr Wunsch nach weiteren Fortschritten und Errungenschaften in der Art dieses Themas wurde aktiv geweckt. Dann haben Sie die seltsame und eigentümliche Art und Weise bemerkt, in welcher Personen und Dinge, die mit diesem Thema zu tun haben, unter Ihre Beachtung und Aufmerksamkeit gekommen sind – manchmal wurden sie ihnen sogar scheinbar aufgezwungen, unabhängig von jeglicher Handlung ihrerseits. Ebenso haben Sie sich in bestimmte Richtungen hingezogen gefühlt, in welchen, Ihnen unbekannt, Personen oder Dinge im Zusammenhang mit dem Gegenstand Ihres Verlangens, Informationen über dieses Thema, Bedingungen, an denen das Thema beteiligt war oder sich manifestierte, gefunden wurden. Kurz, Sie haben festgestellt, dass Dinge geschehen sind, "als ob" Sie entweder Personen, Dinge und Umstände für Sich angezogen hätten, oder dass Sie von solchen Personen, Dingen oder Umständen angezogen, zu ihnen hingezogen oder "geführt" wurden.

Unter solchen Bedingungen werden Sie auf allen Seiten bestimmte Ereignisse erleben, die mit dem Thema Ihres Verlangens zusammenhängen und damit verbunden sind; Bücher, die Informationen darüber enthalten; Personen, die mit ihm in Verbindung stehen; Bedingungen, unter denen dieses Thema eine wichtige Rolle spielt. Sie werden feststellen, dass Sie einerseits zu einem Anziehungspunkt für Dinge, Personen und Umstände geworden zu sein scheinen, die mit diesem Thema zusammenhängen, oder dass Sie andererseits von bestimmten Anziehungspunkten, die mit diesem Thema zusammenhängen, angezogen werden. Kurz, Sie werden feststellen, dass Sie bestimmte subtile Kräfte und Prinzipien in Gang gesetzt haben, die Sie mit allem, was mit diesem Thema zu tun hat, "in Bezug gesetzt" haben.

Mehr als das, werden Sie feststellen, dass, wenn Sie für eine beträchtliche Zeit ein kontinuierliches und anhaltendes Interesse und Verlangen an diesem speziellen Thema aufrechterhalten, Sie ein Wirbelzentrum der Anziehungskraft für das, was mit dem Thema zusammenhängt, eingerichtet haben werden. Sie werden einen mentalen Strudel in Betrieb genommen haben, der seinen Einflussbereich stetig erweitert, der sich in sich selbst und zu Ihrem Mittelpunkt die damit verbundenen und korrelierten Dinge, Personen und Umstände zieht. Dies ist einer der Gründe, warum, nachdem Sie die

Dinge in einer bestimmten Linie von Interesse und Verlangen "in Gang gesetzt" haben, die Dinge im Laufe der Zeit "einfacher" zu Ihnen kommen und für Sie werden. In solchen Fällen scheint sich das, was in den frühen Phasen enorme Anstrengungen erforderte, in den späteren fast automatisch zu bewegen. Dies sind Themen von gemeinsamer und fast universeller Erfahrung derjenigen, die sich aktiv an einer bestimmten Art von Arbeit beteiligt haben, bei der starkes Interesse und beharrlicher Wunsch geweckt und aufrechterhalten wurden.

Sie dürfen jedoch nicht vorschnell zu dem Schluss kommen, dass alle Formen der Mentalen Anziehung Verlangens-Anziehung sind. Die allgemeine mentale Haltung hat ihre entsprechende Anziehungskraft; die mentalen Zustände der Zuversichtlichen Erwartung – von Hoffnung bzw. Angst – haben auch ihre Attribute des attraktiven Einflusses. Aber die anziehende Kraft und der Einfluss von Verlangen sind weitaus grundlegender als die anderen Formen und Phasen der mentalen Anziehung und können gewissermassen als die Grundform bezeichnet werden. Diese Punkte werden hier nur erwähnt, um Missverständnisse und Verwirrung zu vermeiden.

Sie sehen also, dass die Kraft des Verlangens nicht nur dazu neigt, in Ihnen die Qualitäten und Kräfte zu entwickeln und zu evolvieren, die notwendig sind, damit Sie sich in Übereinstimmung mit den von Ihnen beständig gehaltenen Verlangen manifestieren und ausdrücken können; sie neigt auch dazu, die Dinge, Personen, Umstände und Bedingungen, die mit dem Thema solcher Wünsche zusammenhängen oder mit ihm korrelieren, zu sich zu ziehen und sich von denselben anziehen zu lassen. Mit anderen Worten, die Kraft des Verlangens setzt alle ihr zur Verfügung stehenden Mittel ein, um sich besser auszudrücken und zu manifestieren und (durch Sie) ihr Ziel und ihren Zweck zu erreichen – ihren grösstmöglichen Grad an Zufriedenheit und Verwirklichung. Wenn Sie die Kraft des Verlangens in sich gründlich geweckt und dafür ein starkes, positives Zentrum des Einflusses geschaffen haben, haben Sie mächtige Naturgewalten in Gang gesetzt, die entlang unbewusster und unsichtbarer Aktivitätslinien wirken. Denken Sie in diesem

Zusammenhang an das Sprichwort: "Sie können alles haben, was Sie wollen – wenn Sie es nur stark genug wollen."

Die Anziehungskraft der Kraft des Verlangens wirkt auf vielfältige Weise. Zusätzlich zu der "ziehenden Kraft", die nach dem Vorbild der "einer Art Telepathie" funktioniert, von der wir gesprochen haben, wirkt sie auch auf andere Weise auf den unterbewussten Ebenen des Mind, um die eine Person zu anderen Personen, Dingen, Bedingungen und Umständen zu beeinflussen, zu führen und zu leiten, die mit dem besonderen Verlangen zusammenhängen oder mit demselben korrelieren, das von dieser Person beharrlich und hartnäckig gehalten wird. Unter ihrem Einfluss erhebt die unterbewusste Mentalität auf den Ebenen des Bewusstseins neue Ideen, Gedanken, Pläne, die, wenn sie angewendet werden, dazu neigen, die Person in die Richtung der Dinge zu "führen", die dazu dienen werden, ihr bei der Verwirklichung jener Verlangen zu helfen, die sie beharrlich hegt.

Auf diese Weise wird die Person zu den verwandten Dingen geführt, sowie auf die andere Weise die Dinge zu ihr geführt werden. Die Kraft des Verlangens schiebt, so wahrhaftig, wie sie zieht – sie drängt Sie vorwärts, so wahrhaftig, wie sie Dinge zu Ihnen zieht. In einigen Fällen ist der Prozess völlig unterbewusst, und die Person ist erstaunt, wenn sie "zufällig" (!) feststellt, dass er über hilfreiche Dinge an Orten "gestolpert" ist, an denen er sie am wenigsten erwartet hätte, und an Orten, zu denen er anscheinend vom Zufall geführt worden war. Aber es hat nichts mit Zufall zu tun; Menschen werden zweifellos zu hilfreichen Dingen und Bedingungen "geführt", nicht vom Zufall, sondern von der Kraft des Verlangens, die nach dem Vorbild der unterbewussten Mentalität arbeitet.

Viele erfolgreiche Männer konnten bestätigen (wenn sie wollten), wie oft in ihrer jeweiligen Karriere, in kritischen Zeiten, die seltsamsten Ereignisse von ihnen erlebt wurden, scheinbar "zufällig" oder "versehentlich", was dazu diente, die Niederlage in einen Sieg zu verwandeln. Auf diese Weise erwarben sie "zufällig" einige wichtige Informationen, die dazu dienten, das fehlende Glied in ihrer mentalen

Kette zu versorgen oder ihnen einen Hinweis auf das zu geben, was zuvor ihrem Gedanken entgangen war. Oder vielleicht sind sie unerwartet auf die Person "gestossen", die sich hernach als die eine bestimmte Person herausstellte, die ihnen als einzige in gewisser Weise hatte helfen können. Oder sie haben nach dem Zufallsprinzip die jeweilige Zeitung, Zeitschrift oder das Buch aufgegriffen, die ihnen entweder die erforderlichen Informationen geliefert oder ein anderes Buch oder eine andere Sache erwähnt hat, die den Bedarf befriedigte.

Diese Dinge passieren so oft und auf so eindrucksvolle Weise, dass viele Menschen mit aktiver Erfahrung gelernt haben, sie zu erwarten, sich auf sie zu verlassen und darauf zu reagieren. Da sie die wahren Ursachen der Ereignisse nicht kennen, verzichten sie in der Regel darauf, ihre Erfahrungen ihren Freunden gegenüber zu erwähnen, aus Angst, als abergläubisch oder leichtgläubig angesehen zu werden; aber wenn das Thema in vertraulichen Gesprächen zwischen solchen Menschen vorgestellt wird, wird sich herausstellen, dass die zitierten Fälle zahlreich sind und im Allgemeinen so auffallend ähnlich sind, dass der sorgfältige Denker zu dem Schluss gezwungen wird, dass es ein Grundprinzip gibt, das in die Ereignisse verwickelt ist, und dass eine logische Abfolge von Ursache und Wirkung gegeben ist.

Ohne die wahre Ursache dieser Ereignisse zu kennen, sind die Menschen anfällig dafür, sie "Glück", Schicksal, Bestimmung, Zufall oder auch nur als "eines dieser Dinge ohne Erklärungen" zu betrachten. Einige Männer, die mit ihnen vertraut geworden sind, haben gelernt, sie leicht zu erkennen, wenn sie sie erleben, weil sie das "Gefühl" haben, dass "hier ein weiteres dieser Dinge vorliegt". Sie lernen, zwischen einer einfachen allgemeinen und vagen Ahnung und einer "sicheren Vorahnung" zu unterscheiden. Manchmal denken die Menschen, dass diese Dinge das Ergebnis der Hilfe einer freundlichen Vorsehung sind, die in ihrem Namen handelt; andere fühlen, dass sie Helfer "auf der anderen Seite" haben; wieder andere fühlen, dass an der ganzen Sache "etwas fast Unheimliches" ist; aber solange es als in ihrem Namen operierend wahrgenommen wird, sind alle bereit, die Hilfe der Unbekannten Kraft zu nutzen.

Natürlich ist die unterbewusste Mentalität des Individuums in solchen Fällen der "Helfer" oder das "leitende Genie", und die Ereignisse sind nur Phasen der allgemeinen Phänomene des Unterbewusstseins. Aber dennoch ist die Kraft des Verlangens das involvierte belebende Prinzip. Die unterbewusste Mentalität, wie auch die bewusste Mentalität, wird durch den Drang der Kraft des Verlangens energetisiert und zu Aktivität erweckt. Die Kraft des Verlangens setzt alle möglichen Formen von Energie, Aktivität und motiven Kräften ein und drängt auch alle Arten von Maschinerie und Instrumenten, mental und physisch, in den Dienst. Das Feuer des Verlangens entfacht jede Fakultät des Mind, auf bewussten und unbewussten Ebenen, und versetzt sie alle in aktive Arbeit um ihretwillen. Ohne die Kraft des Verlangens in irgendeiner Form oder Phase würde keine dieser Fakultäten Aktivität bekunden; wo immer Aktivität von ihnen bekundet wird, wird die Anwesenheit und der Drang der Kraft des Verlangens impliziert.

Manchmal wird die Kraft des Verlangens auf seltsame Weise indirekt wirken, um ihre Ergebnisse zu erzielen. Durch die Wahrnehmung "unter der Oberfläche" der unterbewussten Fakultäten nimmt die Kraft des Verlangens scheinbar wahr, dass "der weiteste Weg darum herum der schnellste Weg nach Hause ist", und es bewirkt, dass das Individuum diesen "weitesten Weg" verfolgt, um sein Verlangen in kürzester Zeit zu erlangen. In solchen Fällen handelt es oft so, dass es die Pläne, die man sich sorgfältig ausgearbeitet hat, umstösst und verwirft; das Ergebnis lässt es für einen so aussehen, als wären Scheitern und Niederlage statt Sieg und Erfolg zu ihnen gekommen. Es reisst die Person manchmal aus ihrer gegenwärtigen, vergleichsweise zufriedenstellenden Umgebung und deren Bedingungen weg und führt sie dann über Feldwege und harte Pfade; und schliesslich, wenn sie fast daran verzweifelt ist den gewünschten Erfolg zu erlangen, wird er feststellen, dass er buchstäblich darauf gestossen wurde.

Solche Fälle sind natürlich nicht unveränderlich, aber sie treten ausreichend oft und mit so charakteristischen Merkmalen auf, dass sie erkannt werden müssen. Es kommt oft vor, dass es, wie einer, der es erlebt hat, beschrieben hat: "scheint, als würde man von der Rückseite seines Halses ergriffen, aus seiner Umgebung und Beschäftigung gehoben, grob über einen schmerzhaften Weg geschleppt und dann gewaltsam, aber freundlich auf den Thron des Erfolgs gestossen, oder zumindest in den Thronsaal mit dem Thron in Sichtweite vor sich."

Aber letztendlich stimmen diejenigen, die diese anstrengenden Aktivitäten der Kraft des Verlangens erlebt haben, die durch die unterbewusste Natur und auf viele andere Arten funktioniert, in der Aussage überein: "Der Zweck rechtfertigte die Mittel; die Sache war ihren Preis wert". Es erfordert Philosophie und Glauben, um einen zu erhalten, wenn man solche Erfahrungen macht, aber die Kenntnis des Gesetzes und des Prinzips in der Praxis wird natürlich sehr helfen. Die richtige Einstellung, die man in solchen Fällen beibehalten sollte, ist diejenige, die sich in der Formulierung der A. E. F. in Frankreich ausdrückt: "Das Leben ist grossartig, wenn man nicht schwächelt."

Die Kraft des Verlangens nutzt nach Belieben die unterbewussten Fähigkeiten in Ihrer Arbeit der Verwirklichung durch Anziehung. Sie setzt diese beim Menschen ein, so wie sie sie bei der Brieftaube, den Zugvögeln, der Biene fernab ihres Bienenstocks einsetzt – sie liefert den "Heimkehrer Instinkt" sowohl dem nach Erfolg strebenden Menschen als auch an dem flüchtenden Tier. Es wird gesagt, dass Tiere, die von ihren Gefährten getrennt sind, sich scheinbar über weite Strecken von ihnen angezogen fühlen. Verlorene Tiere finden ihren Weg nach Hause, obwohl viele Kilometer über fremdes Land gereist werden müssen. Wenn ein Mensch eine "Zuflucht" für Vögel einrichtet, werden die Vögel bald anfangen, sich darauf zuzubewegen – selbst seltsame Arten aus grosser Entfernung, tauchen auf. Wasserhühner reisen unfehlbar auf das Wasser zu; die Wurzeln der Bäume zeigen den gleichen Sinn für die Richtung zu Wasser und reichem Boden.

In Gross und Klein offenbart das Gesetz der Verlangens-Anziehung seine Kraft. Der Mensch steht unter dem Gesetz und kann es sogar bewerkstelligen, dass das Gesetz für ihn wirkt, wenn er sein Wesen versteht. Der Mensch kann die Kraft des Verlangens so nutzen, wie er andere grosse Naturgewalten genutzt hat – sie nutzen und für sich arbeiten lassen. Einmal für ihn eingesetzt, wird diese Kraft "ohne Eile und pausenlos" auf das ihr eingeprägte Ziel hinarbeiten – sie wird für ihn wirken, während er wach ist und an anderen Dingen arbeitet, und wenn er schläft und sich von seiner bewussten Arbeit erholt. Verlangen ist die "Kraft der Kräfte", denn sie ist der innerste Kern aller anderen physischen oder mentalen Formen von Naturgewalt. Jede Kraft hängt von innerer Anziehung oder Abstossung ab – und diese sind nur die Manifestation der Kraft des Verlangens, positiv oder negativ.

VII WISSEN, WAS SIE WOLLEN

In den vorangegangenen Abschnitten dieses Buches haben wir Sie auf den Aphorismus aufmerksam gemacht: "Sie können alles haben, was Sie wollen – wenn Sie es nur stark genug wollen." Dieser Aphorismus ist in der Meisterformel der Errungenschaft verkörpert, die immerfort in der Anweisung dargelegt wird, die in der Reihe von Büchern enthalten ist, zu welcher der vorliegende Band einen Teil bildet. Die Meisterformel der Errungenschaft, in populärer Form formuliert, lautet wie folgt:

"Sie können alles haben, was Sie wollen, vorausgesetzt, Sie (1) wissen genau, was Sie wollen, (2) wollen es stark genug, (3) erwarten zuversichtlich, es zu erreichen, (4) sind hartnäckig entschlossen, es zu erreichen, und (5) sind bereit, den Preis für seine Errungenschaft zu zahlen."

Wir bitten Sie nun, drei der oben genannten fünf Elemente der Meisterformel der Errungenschaft zu berücksichtigen, nämlich das Element der Definitiven Ideale, oder "genau zu wissen, was Sie wollen"; das Element des Beharrlichen Verlangens, oder "es stark genug zu wollen"; das Element der Ausgewogenen Kompensation, oder "bereit zu sein, den Preis für seine Errungenschaft zu zahlen". Jedes dieser drei Elemente ist sehr wichtig und sollte sorgfältig geprüft und berücksichtigt werden. Beginnen wir mit der ersten Voraussetzung, nämlich "Genau zu wissen, was Sie wollen".

Wenn Sie die Frage "Was genau will ich?" betrachten, werden Sie sie als eine ziemlich einfach zu beantwortende Frage erachten. Aber nachdem Sie begonnen haben, die Frage im Detail und in echtem Ernst zu betrachten, werden Sie zwei äusserst lästige Hindernisse auf dem Weg zur richtigen Antwort entdecken. Die beiden Hindernisse sind wie folgt: (1) die Schwierigkeit, eine klare und vollständige Vorstellung von Ihren Verlangen, Bestrebungen, Ambitionen und Hoffnungen zu ermitteln; und (2) die Schwierigkeit, festzustellen, welche aus einer Reihe von widersprüchlichen Verlangen, Bestrebungen, Ambitionen und Hoffnungen Sie mehr "wollen" als diejenigen, die sich denselben widersetzen.

Sie werden sich mit "dem herrlichen Unmut" einer allgemeinen Unzufriedenheit mit Ihrem gegenwärtigen Zustand, Ihren Umständen, Ihrem Besitz und Ihren Einschränkungen konfrontiert sehen. Sie werden vielleicht stark das "rohe Verlangen" der elementaren Kraft des Verlangens in sich spüren, aber Sie werden in Ihrem Kopf nicht klar umrissen haben, in welche Richtung diese Urkraft Ihrem Wunsch nach zur Manifestation und zum Ausdruck kommen soll.

Sie werden oft das Gefühl haben, dass Sie woanders zu sein wünschten, als da wo Sie sich jetzt befinden; dass Sie etwas anderes tun wollten als das, was Sie jetzt gerade tun; dass Sie andere und bessere Dinge besässen als diejenigen die Sie jetzt besitzen; oder dass Ihre gegenwärtigen Begrenzungen aufgehoben würden, wodurch Sie einen breiteren und volleren Ausdruck und eine vollere Bekundung der Kraft hätten, die Sie in sich fühlen: all diese allgemeinen Gefühle werden von Ihnen erlebt werden, aber Sie werden sich nicht klar vorstellen können, genau welche "anderen Dinge" wirklich an die Stelle derer treten sollen, die derzeit die Ihren sind.

Wenn Sie dann versuchen, sich ein klares Bild von dem, was Sie wollen, zu machen, werden Sie feststellen, dass Sie viele Dinge wollen, von denen einige einander entgegengesetzt sind, die jeweils attraktive Eigenschaften bieten, wobei jedes davon aktiv um Ihre Gunst und Akzeptanz bittet – was eine Wahl und eine endgültige Entscheidung sehr schwierig macht. Sie leiden unter einer überreichen Auswahl. Wie der verwirrte Liebhaber in dem Lied, sagen Sie: "Wie glücklich wäre ich mit einer von beiden, wenn die andere holde Charmeurin weg wäre." Oder, wie der psychologische Esel, der an einem äquidistanten Punkt zwischen zwei gleich verlockenden Heuhaufen platziert wurde und an Hunger starb, weil er sich nicht entscheiden konnte, welchen er am meisten wollte, kann es sein, dass Sie wegen starker widersprüchlicher Verlangens-Motive inaktiv bleiben.

Es liegt an einer oder beiden der oben genannten Bedingungen, dass die grosse Masse der Menschen den grossen elementaren Drang der Kraft des Verlangens nicht nutzen. Sie ist da, bereit, ihre Macht auszuüben, aber es fehlt ihr eine klare Richtung und Entscheidungsbefugnis, und so bleibt sie, wie das Gemüse oder die niederen Tiere, zufrieden damit, die Natur nach den instinktiven Linien des Selbstschutzes, der Vermehrung etc. arbeiten zu lassen, ohne Initiative oder Selbststeuerung.

Die wenigen der Menschheit, die diese Barrieren durchbrechen und für sich selbst zuschlagen, haben sehr deutlich "genau gewusst, was sie wollten" und "es stark gewollt" und waren bereit, den Preis der Errungenschaft zu zahlen. Um die Kräfte der Kraft des Verlangens in eine bestimmte Richtung zu lenken, muss das Individuum ihnen einen idealen Weg aufzeigen, auf dem sie reisen können, und die Kräfte wecken, damit sie diesen Weg gehen.

Selbstanalyse

Sie werden feststellen, dass eine wissenschaftliche Anwendung des Prinzips der Selbstanalyse oder der mentalen Bestandsaufnahme Ihnen erheblich helfen wird, die beiden grossen Hindernisse auf dem Weg der Errungenschaft, die wir gerade erwähnt haben, zu überwinden. Die Selbstanalyse besteht in diesem Fall aus einer sorgfältigen Analyse Ihrer Elemente des Verlangens, welche bezweckt, dass Sie herausfinden können, welche dieser Elemente die stärksten sind, und dass Sie genau verstehen können, wie diese stärksten Elemente in ihrem Charakter wirklich sind. Es wird empfohlen, in dieser Arbeit der Selbstanalyse "mit Bleistift und Papier zu denken" – es wird Ihnen sehr helfen, Ihre Gedanken zu kristallisieren und ausserdem den Ergebnissen Ihrer Arbeit eine klare und logische Form zu geben. Die folgenden Vorschläge und Ratschläge werden Sie bei dieser Aufgabe wesentlich unterstützen.

Beginnen Sie damit, sich selbst die Frage zu stellen: "Was sind meine stärksten Verlangen? Was will ich über alles und jedes anderen hinaus sein oder haben? Was sind meine höchsten Verlangens-Werte?" Dann fahren Sie fort, "mit Bleistift und Papier zu denken" und damit Ihre oben genannte wichtige Frage zu beantworten.

Nehmen Sie ihren Bleistift und fangen Sie an, Ihre stärksten Verlangen – Ihre führenden "Haben-Wollen" und "Sein-Wollen" – aufzuschreiben, während sie als Reaktion auf Ihre Anfrage in Ihrem Bewusstsein auftauchen. Schreiben Sie sorgfältig die Dinge und Objekte, die Ziele und Ideale, die Bestrebungen und Ambitionen, die Hoffnungen und zuversichtlichen Erwartungen auf, die sich im Zuge Ihrer mentalen Bestandsaufnahme zur Notiz anbieten. Beachten Sie sie alle, unabhängig von der Frage, ob Sie jemals erwarten, sie erwerben oder erreichen zu können.

Setz sie alle auf die Liste, egal wie lächerlich und unerreichbar sie Ihnen zu diesem Zeitpunkt erscheinen mögen. **Lassen Sie sich nicht von den grossartigen Zielen und Idealen, Bestrebungen und Ambitionen überwältigen, die sich auf diese Weise präsentieren. Ihre blosse Existenz in Ihrer Wunsch-Natur ist in gewisser Weise die Prophezeiung ihrer eigenen Erfüllung.** Wie Napoleon einmal sagte: "Nichts ist zu grossartig für einen Soldaten aus Frankreich!" Sie sind dieser Soldat Frankreichs! Setzen Sie auf diese Weise keine Einschränkungen für Ihre Wunsch-Natur auf. Wenn ein grossartiger Wunsch in Ihn ist, sollte er respektiert werden – also nehmen Sie auf die Liste.

Durch diesen Prozess der Selbstanalyse bringen Sie all die verschiedenen Gefühle, Verlangen, Begehren und Sehnsüchte an die Oberfläche Ihres Bewusstseins, die in Ihrem Unterbewusstsein verweilt sind. Viele dieser tiefen Wünsche sind wie schlafende Riesen – Ihre Erforschung Ihrer unterbewussten mentalen Regionen wird diese wecken – wird sie dazu bringen, "aufzuhorchen und aufmerksam zu werden". Haben Sie keine Angst vor diesen erwachenden Schläfern. Nichts, was Sie dort finden, ist für Sie fremd. Auch wenn Sie es für notwendig halten, sie, zu einem späteren Zeitpunkt Ihrer Arbeit, zu verwandeln oder sie zugunsten vorteilhafterer Verlangen zu verhindern, verweigern Sie ihnen jetzt nicht einen Platz auf Ihrer Liste – schreiben Sie sie auf Papier. Die Liste muss ehrlich sein, also seien Sie bei der Analyse ehrlich zu sich selbst.

Zuerst werden Sie feststellen, dass Ihre Liste ein mehr oder weniger kunterbuntes Konglomerat von "Haben-Wollen" und "Sein-Wollen" ist, welches anscheinend nur wenig oder gar keine logische Reihenfolge oder systematische Rezitation aufweist. Lassen Sie sich davon jedoch nicht stören – all dies wird im Laufe des Prozesses erledigt; Ordnung und Gliederung werden sich fast automatisch einstellen, wenn die richtige Zeit gekommen ist. Die Hauptsache in dieser Phase ist, alle Ihre stärkeren Verlangen in die Liste zu bekommen. Vergewissern Sie sich, dass Sie Ihre unterbewusste Mine starker Verlangen erschöpft haben – graben Sie aus dieser Mine alles und jedes aus, was Kraft in sich hat.

Der nächste Schritt ist der der kaltblütigen, schonungslosen Eliminierung der schwächsten Wünsche, mit der Idee und dem Ziel, dass am Ende die "Überlebenden Stärksten" auf Ihrer Liste stehen. Beginnen Sie damit, Ihre Liste durchzugehen, indem Sie die schwächeren und weniger hartnäckigen – die bloss temporären und vorübergehenden – Verlangen streichen, und diejenigen, die Sie eindeutig als wahrscheinlich erkennen, Ihnen nur wenig oder gar keine beständige Zufriedenheit, anhaltendes Glück und dauerhaften Inhalt bringen.

Auf diese Weise erschaffen Sie eine neue Liste der stärkeren Verlangen, und derjenigen, die einen grösseren dauerhaften und befriedigenden Wert haben. Wenn Sie sich diese Liste ansehen, werden Sie feststellen, dass sich einige der Elemente immer noch durch eine höhere Vergleichsstärke und einen höheren Grad an dauerhaftem Wert von den anderen abheben werden. Erstellen Sie eine neue Liste dieser erfolgreichen Kandidaten, einschliesslich derjenigen, die für Sie die grösste Stärke und den grössten Wert besitzen, und lassen Sie die anderen aus der Liste fallen. Dann setzen Sie diesen Prozess der Beseitigung der Schwächsten und am wenigsten Befriedigenden fort, bis Sie den Punkt erreichen, an dem Sie das Gefühl haben, dass jede weitere Beseitigung zum Abschneiden von lebendem Holz führen würde.

Zu diesem Zeitpunkt werden Sie sich einer sehr wichtigen und signifikanten Tatsache bewusst geworden sein, nämlich, dass mit der Verkleinerung Ihrer Liste die Stärke und der Wert der überlebenden Verlangen grösser geworden sind. Wie die alten Goldminenarbeiter es ausdrückten, kommen Sie jetzt "auf die Quelle des Reichtums" zu sprechen – in die Region, in der sich die Nuggets und das reiche Erz befinden. Wenn Sie dieses Stadium erreicht haben, werden Sie gut daran tun, die Arbeit vorerst einzustellen; dies wird Ihnen die nötige mentale Ruhe geben und auch Ihrer unterbewussten Mentalität die Möglichkeit geben, etwas Arbeit für Sie nach ihren eigenen Vorstellungen zu erledigen.

Wenn Sie Ihre Liste wieder zur Betrachtung aufnehmen, werden Sie eine neue allgemeine Ordnung und Gliederung ihrer Gegenstände finden, die in Ihrem Mind abgebildet sind. Sie werden feststellen, dass sich diese verbleibenden Verlangen in mehrere allgemeine Klassen eingeteilt haben. Ihre unterbewussten mentalen Fähigkeiten werden eine wichtige Aufgabe für Sie erfüllt haben. Dann werden Sie bereit sein, diese allgemeinen Klassen miteinander zu vergleichen, bis Sie in der Lage sind, bestimmte Klassen auszuwählen, die stärker erscheinen als die anderen. Dann werden Sie bereit sein, mit der Aufgabe fortzufahren, die schwächeren allgemeinen Klassen zu eliminieren und eine neue Liste der stärkeren zu erstellen.

Nachdem Sie eine Zeit lang nach diesen allgemeinen Grundsätzen gearbeitet haben, mit Ruhe- und Erholungsintervallen und für die unbewusste Verdauung und Beseitigung, werden Sie feststellen, dass Ihnen eine Liste vorliegt, die sich aus nur wenigen vergleichsweise allgemeinen Klassen von "Haben Wollen" und "Sein Wollen" zusammensetzt – von denen jede einen weitaus höheren Grad an Stärke und Wert besitzt, als Sie zuvor vermutet hatten. Ihr Unterbewusstsein hat seine Kraft auf diese Klassen von Verlangen ausgeübt, und sie haben sich zu einer höheren Stufe von Stärke, Bestimmtheit, Klarheit und Kraft entwickelt. Sie fangen endlich an, "genau das herauszufinden, was Sie wirklich wollen", und sind auch auf dem Weg zu "es stark genug zu wollen" gut gestartet.

Allgemeine Regeln für die Auswahl

Bei der Aufgabe der Auswahl, Eliminierung, des "Einkochens" und des Abholzens von Totholz usw. tun Sie gut daran, die drei folgenden allgemeinen Regeln der Auswahl einzuhalten:

Die zwingende Voraussetzung.

Bei der Auswahl Ihrer stärksten Verlangen für Ihre Liste müssen Sie nicht auf Ängste achten, die in Ihrem Kopf lauern, dass eines der besonderen Verlangen scheinbar unerreichbar ist – dass sie ausserhalb Ihrer Leistungsstärke liegen und durch scheinbar unüberwindliche Hindernisse unmöglich gemacht werden. Mit solchen Fragen sind Sie zu diesem Zeitpunkt und an diesem Ort nicht beschäftigt – ignorieren Sie sie vorerst. Sie beschäftigen sich hier nur mit der Frage, ob Ihr "Haben Wollen" oder "Sein Wollen" in Bezug auf eine bestimmte Sache "hart genug" für Sie empfunden wird, andere wünschenswerte Dinge zu opfern – ob Sie das Gefühl haben, dass der besondere Wunsch für Sie von ausreichendem Wert ist, um den Preis für die Erreichung dieser Ziele zu "zahlen", auch wenn dieser Preis sehr hoch ist. Denken Sie an das alte Sprichwort: "Die Götter sprachen zum Menschen: "Nimm, was Du willst – aber bezahle dafür!" " Wenn Sie nicht bereit sind, "den Preis zu zahlen" und ihn vollständig zu bezahlen, dann wollen Sie es nicht "hart genug", um es zu einem Ihrer wichtigsten Verlangen zu machen.

Der Test des vollständigen Verlangens

Wir haben Ihnen gesagt: "Das Verlangen hat für seinen Zweck etwas, das Freude bereitet oder Schmerzen beseitigt, sofort oder zukünftig, für das Individuum oder für jemanden, an dem es interessiert ist". Daher müssen Sie bei der Weitergabe der vergleichenden Stärke und des Wertes Ihrer jeweiligen Wünsche oder allgemeiner Klassen von Wünschen alle in der obigen konkreten Aussage genannten Elemente des Verlangens berücksichtigen – die indirekten sowie die direkten Elemente der persönlichen Erfüllung und Zufriedenheit.

Sie müssen den Wert eines bestimmten Wunsches oder einer Klasse von Wünschen nicht nur im Hinblick auf Ihre eigene unmittelbare Zufriedenheit und Erfüllung abwägen und entscheiden, sondern auch im Hinblick auf Ihre eigene zukünftige Zufriedenheit und Erfüllung; nicht nur im Hinblick auf Ihre eigene unmittelbare Zufriedenheit und Erfüllung, sondern auch im Hinblick auf Ihre indirekte Zufriedenheit und Erfüllung, der sich aus der Zufriedenheit und der Befriedigung anderer ergibt, an denen Sie interessiert sind. Ihre zukünftige Zufriedenheit und Ihr Inhalt hängen oft vom Opfer eines gegenwärtigen Verlangens, zugunsten eines, das in der Zukunft Früchte trägt, ab. Sie können so sehr an anderen Personen interessiert sein, dass deren Zufriedenheit und Erfüllung einen grösseren emotionalen Wert für Sie hat als die Befriedigung eines Verlangens, der nur mit Ihrer eigenen direkten Zufriedenheit und Erfüllung zusammenhängt. Diese Verlangens-Werte müssen von Ihnen sorgfältig abgewogen werden. Wenn Sie eines dieser Elemente des Verlangens weglassen, riskieren Sie, bestimmten einen falschen Wert hinzuzufügen. Sie müssen den Wert Ihrer Verlangen durch die Verwendung des Standards bei voller Zufriedenstellung der Verlangen abwägen und messen.

Suchen Sie die Tiefe des Verlangens.

Sie werden es ratsam finden, alle rein oberflächlichen und flüchtigen Gefühle, Emotionen und Verlangen aus Ihrer Liste zu streichen. Sie haben in diesem Fall nur einen geringen Wert. Tauchen Sie stattdessen in die tiefen Stellen Ihres mentalen Wesens oder Ihrer Seele ein; dort werden Sie bestimmte tiefe, wesentliche, grundlegende, dauerhafte Gefühle, Emotionen und Verlangen finden. In jenen Regionen wohnen die "Haben Wollen" und die "Sein Wollen", die, wenn sie erregt werden, so hartnäckig und unbedingt erforderlich sind wie das Verlangen des erstickenden Menschen nach Luft; das Verlangen des verhungerten Menschen nach Nahrung; das Verlangen des dürstenden

Menschen nach Wasser; das Verlangen der wilden Kreatur nach ihrem Gefährten; das Verlangen der Mutter nach dem Wohlergehen ihres Kindes.

Diese tiefen Verlangen sind Ihre wirklichen emotionalen Elemente – diejenigen, die am festesten und dauerhaftesten in den Boden Ihres emotionalen Wesens eingebettet sind. Das sind die Wünsche, die Bestand haben werden, wenn die flüchtigen, ephemeren vergangen sind und vergessen werden. Das sind die Wünsche, für die Sie bereit sein werden, "den Preis zu zahlen", sei dieser Preis auch noch so hoch, in Form des Opfers und des Verzichts auf jedes andere Verlangen, Gefühl oder jede andere Emotion. Messen Sie Ihre Verlangen an ihrer essentiellen Tiefe sowie an ihrem temporären Gewicht. Wählen Sie diejenigen aus, die so tief in den Boden Ihres emotionalen Wesens eingebettet sind, dass sie von den vorbeiziehenden Stürmen der Bedingungen und Umstände nicht entwurzelt werden können.

Der Kampf um die Existenz

Sie nähern sich nun dem Endstadium Ihrer Entdeckung von "genau dem, was Sie wollen". Sie haben jetzt eine Liste der beharrlichen Verlangen – die Überlebenden im Kampf ums Dasein vonseiten Ihrer vielen Verlangen und Verlangenskategorien. Wenn Sie in Ihrer Arbeit der Selbstanalyse und Auswahl ernsthaft und ehrlich vorgegangen sind, werden Sie eine Gruppe starker Verlangens-Giganten vor sich haben, um diese nun endgültig zu beurteilen. Durch ein seltsames psychologisches Gesetz haben diese überlebenden Kandidaten viel von der Kraft und Energie derer übernommen, die sie im Kampf besiegt haben; die Sieger werden die Vitalität derer, die sie besiegt haben, absorbiert haben, so wie der Wilde hofft, die Kraft der von ihm im Kampf getöteten Feinde auf sich zu ziehen. Ihre Kraft des Verlangens wurde nun auf eine vergleichsweise kleine Gruppe von Verlangen konzentriert, mit einer daraus resultierenden Konzentration der Kraft.

Sie werden nun feststellen, dass eure "Haben Wollen" und "Sein Wollen" sich in zwei grosse Klassen eingeteilt haben, nämlich (1) die grosse Klasse jener Verlangen, die zwar von anderen Verlangen oder Klassen von Verlangen verschieden sind, aber nicht unbedingt im Widerspruch zu ihnen stehen oder ihnen nicht direkt entgegenstehen; und (2) die grosse Klasse jener Verlangen, die nicht nur unterschiedlich sind, sondern auch tatsächlich widersprüchlich und anderen Verlangen oder Klassen von Verlangen entgegengesetzt sind.

Die lediglich "verschiedenen" Klassen können sich in wechselseitiger harmonischer Existenz und Beziehung miteinander oder untereinander aufhalten, ebenso wie Licht und Wärme oder die Farbe und der Geruch einer Blume. Aber zwei widersprüchliche und gegensätzliche Klassen von Verlangen können nicht koexistieren und ihre Energien im selben Individuum koordinieren; bleiben beide im Vordergrund, wird es Reibung, Disharmonie, Streit und gegenseitige Interferenz geben.

Man könnte genauso gut versuchen, zwei Pferde zu reiten, die sich in verschiedene Richtungen bewegen, wie zu versuchen, zwei gegensätzliche oder widersprüchliche Verlangen gleich stark zu halten. Die beiden Gruppen, die jeweils in entgegengesetzter Richtung und mit gleicher Kraft ziehen, bringen den Willen zum Stillstand. Das Individuum wird in einem solchen Fall entweder zwischen den beiden anziehenden Polen schwingen, oder es wird in einen "Totpunkt" zwischen ihnen geraten. Es muss etwas getan werden, wenn Sie eine gegensätzliche Gruppe solcher Verlangen in Ihrer Kategorie der starken Verlangen gut in den Vordergrund stellen. Sie müssen einen Wettbewerbsprozess in Gang setzen, aus dem eine Gruppe als Sieger hervorgehen muss und der andere Satz besiegt werden muss.

In diesem Prozess des Wettbewerbs müssen Sie Ihre besten und schärfsten Analyse- und Urteilsfähigkeiten einsetzen. In einigen Fällen kann die Angelegenheit schnell geklärt und die Entscheidung leicht getroffen werden, denn wenn man sich voll und ganz auf die beiden Konkurrenten konzentriert, wird sich der eine so deutlich von dem anderen abheben, dass dieser fast automatisch ausfällt. Die volle Kraft von Vernunft und Gefühl, die in einem solchen Fall konzentriert ist, führt in der Regel zu einer schnellen und sicheren Entscheidung.

Aber es gibt Fälle, in denen beide gegensätzlichen Verlangen eine gleiche Macht und einen gleichen Wert in Ihrer emotionalen und intellektuellen Dimension zu besitzen scheinen. Hier befinden Sie sich anscheinend im Zustand des bereits erwähnten armen Esels, der verhungert ist, weil er nicht entscheiden konnte, welcher der beiden Heuhaufen gegessen werden sollte. Die Angelegenheit muss durch die Einführung eines zusätzlichen Elements entschieden werden, das der einen oder anderen Gruppe Gewicht verleiht und so die Waage auf dieser speziellen Seite nach unten senkt. Dieses hinzugefügte Element findet sich normalerweise in der einen oder anderen der folgenden zwei Klassen von mentalen Prozessen, nämlich (1) Imagination und (2) Assoziation. Lassen Sie uns jedes davon betrachten.

Das Element der Imagination

Imagination, die im Falle des uns jetzt vorliegenden Verlangens-Konflikts eingesetzt wird, ist in der Regel sehr effektiv, um eine Entscheidung herbeizuführen. Wenn Sie sie einsetzen, müssen Sie sich nur vorstellen, erstens in tatsächlichem Besitz des Objekts der einen Gruppe von Verlangen zu befinden; und danach, stattdessen, in Besitz des Objekts der zweiten Gruppe. In diesem Prozess schöpfen Sie aus Ihren eigenen Erinnerungen und Erfahrungen und aus Ihrer Erinnerung an die Erfahrungen anderer. Sie stellen sich vor, "wie es sich anfühlen würde", das Objekt von zuerst einem "Haben Wollen" oder "Sein Wollen" und dann vom anderen zu erreichen. Sie begeben sich in der Imagination in die Position, die Sie einnehmen würden, falls Sie das Ziel dieses oder jenes Verlangens erreichen sollten. Dann urteilen Sie darüber, was das Bessere zu sein scheint, d. h., welches das höhere Mass an Zufriedenheit und Inhalt liefert, gegenwärtig und zukünftig, direkt und indirekt.

Dieser Prozess hat den Vorteil, dass er das Handicap überwindet, das einer zukünftigen Zufriedenheit gegenüber einer gegenwärtigen entgegengesetzt wird. Die zukünftige Erfahrung wird in das Feld der Gegenwart eingebracht und kann so mit einer von der Zeitbehinderung befreiten gegenwärtigen Erfahrung verglichen werden. Dies ist von grosser Bedeutung, denn normalerweise ist der Gegenwartswert eines emotionalen Gefühls oder Verlangens weitaus grösser als der eines Vergangenheits- oder Zukunftswertes einer ähnlichen Erfahrung. Der Test der Imagination führt in der Regel dazu, dass (1) der gegenwärtige Wert eines wirklich vorteilhaften emotionalen Gefühls und Verlangens gestärkt wird und (2) der gegenwärtige Wert eines scheinbar vorteilhaften, aber wirklich nachteiligen Gefühls geschwächt wird. Die Verwendung des Gedächtnisses und der Imagination ist bei der Aufgabe, den realen und tatsächlichen Wert eines emotionalen Zustandes oder Verlangens zu bestimmen, sehr zu empfehlen.

Das Element der Assoziation

Das in einen Verlangens-Konflikt eingebrachte Assoziationselement führt oft schnell zu einer Entschlossenheit und Entscheidung für die eine Seite gegenüber der anderen. Die Assoziation wird einer Gruppe von Verlangen Stärke verleihen und die gegnerische Gruppe in den meisten Fällen schwächen. Die Assoziation der Ideen ist das psychologische Gesetz, das einer Gruppe von Ideen oder mentalen Zuständen an andere bindet; so dass wir, indem wir eine Gruppe ins Bewusstsein bringen, dazu neigen, auch die zugehörigen Gruppen dorthin zu bringen. Im vorliegenden Fall bringen wir die damit verbundenen Folgen jeder Gruppe von Verlangen ins Bewusstsein.

Sie können den Test der Assoziation wie folgt anwenden: Streben Sie danach, so viele wie möglich der mit der Errungenschaft der fraglichen Menge von Verlangen verbundenen Ergebnisse aufzudecken und zu entdecken – bemühen Sie sich, an das "was sonst noch alles passieren wird" zu denken, wenn Sie diese Gruppe von Verlangen erlangen werden. Dies ist so etwas wie die Untersuchung der familiären und sozialen Beziehungen zweier rivalisierender Verehrer oder Liebhaber – unter Abwägung ihrer jeweiligen Beziehungen und Assoziationen und der wahrscheinlichen zukünftigen Folgen einer Ehe mit einem von ihnen.

Es ist immer gut, sich im Zweifelsfall über den Vergleichswert widersprüchlicher Verlangen genau zu überlegen, was mit den beiden jeweiligen Verlangen verbunden ist – welche anderen Ergebnisse wahrscheinlich mit der Erreichung des Ziels oder des Zwecks jedes betrachteten Verlangens einhergehen. Mit anderen Worten, Sie sollten sich vergewissern, welche Art von Beziehungen und Freunde jeder der rivalisierenden Verehrer oder Liebhaber besitzt. Auf diese Weise werden Sie oft feststellen, dass einer der beiden scheinbar vergleichbaren Verlangen einige sehr angenehme und vorteilhafte Beziehungen und Verknüpfungen hat, während der andere einige sehr unangenehme und nachteilige hat.

So entdecken Sie im übertragenen Sinne "in welche Art von Familie Sie heiraten"; und Sie ziehen damit eine Bestandsaufnahme der jeweiligen zugehörigen und verwandten "Schwiegereltern", Freunde, Mitarbeiter und Verstrickungen jedes einzelnen Bewerbers durch. Das ist von grossem Wert, denn trotz der oft behaupteten Aussage, dass "man nicht die ganze Familie heiratet", tut man in der Regel genau das.

Die Idee der Anwendung des Tests der Assoziation in solchen Fällen kann in wenigen Worten wie folgt ausgedrückt werden: Die eigentliche Prüfung eines bestimmten Verlangens hängt nicht nur von den unmittelbaren Ergebnissen ab, die mit seiner Verwirklichung einhergehen können, sondern auch von den damit verbundenen und verwandten Ergebnissen, die in seinem Assoziations- und Korrelationszug folgen – den Ergebnissen, die notwendigerweise "mit ihm einhergehen" und die so eng mit ihm verbunden sind, dass sie sich nicht leicht von ihm lösen lassen. In einigen Fällen wird der Test der Assoziation die Tatsache aufdecken, dass der Preis für die Erreichung einer bestimmten Anzahl von Verlangen überhöht ist – oft sogar untragbar. In anderen Fällen, im Gegenteil, werden Sie durch diesen Test feststellen, dass Sie aufgrund der "Extras", die zum Ding selbst gehören, ein tolles Angebot erhalten. Die Objekte einiger Verlangen werden somit als "beschädigte Ware" betrachtet, während die anderer einen Assoziationswert haben, der für den zufälligen Beobachter nicht ersichtlich ist.

Eine Berufung an den Prüfstein

In Fällen, in denen sorgfältige Analyse, Überlegung, die Tests von Imagination und Assoziation und alle anderen Mittel des Abwägens und Messens, Versuchens und Testens den Vorteil einer Gruppe von Verlangen gegenüber der gegnerischen Gruppe nicht offenbaren, muss auf den Prüfstein der Positivität zurückgegriffen werden, der so oft in dieser Anleitung erwähnt wird. Der Prüfstein, durch den die Positivität eines jeden mentalen Zustandes, Denkens, Fühlens, Verlangens oder Handelns bestimmt wird, ist wie folgt: "Wird mich das stärker, besser und effizienter machen?" In dem Masse, in dem jeder mentale Zustand den Anforderungen dieses Tests entspricht, ist auch sein Grad an Positivität und damit seiner Erwünschtheit.

Wenn man zwei Sätze widersprüchlicher Verlangen auf diese Weise testet, fragt man sich selbst: "Welches dieser beiden Verlangen wird, wenn es erreicht wird, dazu neigen, mich stärker, besser und effizienter zu machen?" Dies ist die Testfrage. Die Antwort sollte Ihre endgültige Entscheidung in dieser Angelegenheit darstellen. Der Prüfstein ist Ihr Gericht letzter Instanz, an den Sie sich wenden können, wenn alle anderen Tests fehlgeschlagen sind. Sein Bericht repräsentiert die besten, höchsten und wertvollsten Elemente, geistige, moralische und spirituelle, in Ihrer Natur; alles, was in Ihnen am schlechtesten ist, fehlt darin. Es repräsentiert Ihr Summum Bonum – Ihr höchstes Gut.

Das Überleben der Stärksten

Zu diesem Zeitpunkt hat sich Ihre Liste der Verlangen in einen Plan oder ein Inventar einiger starker, dominanter, primärer Verlangen und einer grösseren Anzahl kleineres Verlangen aufgelöst. Die stärksten Verlangen sollten schliesslich getestet werden, um herauszufinden, ob sie sich nur "unterscheiden", oder ob sie im Wesentlichen gegensätzlich und widersprüchlich sind.

Wenn sie unter die letztgenannte Kategorie fallen, dann müssen sie gegeneinander ausgespielt werden, bis eines der beiden den Sieg erringt und eines untergeht; denn zwei widersprüchliche Verlangen dürfen nicht dauerhaft in Ihrer Region des Verlangens verweilen: "Ein mit sich selbst uneiniges Haus wird nicht stehen". Es muss ein Kampf bis zum Ende geführt werden. Eines der gegensätzlichen Verlangen muss im Staub gerollt werden, während das andere stolz aufrecht als Sieger steht. Das Besiegte muss danach gezwungen werden zu sagen: "Nach Ihnen, Monsieur", wie es unsere französischen Cousins höflich formulieren.

Wenn zwei Verlangen nur "unterschiedlich" sind und nicht wesentlich und notwendigerweise widersprüchlich und antagonistisch, dann können sie zumindest vorerst in gegenseitigem Frieden und Harmonie verbleiben. Diese Erlaubnis wird jedoch dadurch bedingt, dass es nicht zu viele solcher Verlangen geben darf, die gleichzeitig die Vordersitze des Verlangens belegen. Die Tendenz sollte immer in Richtung Konzentration und fokussierter Energie gehen; Sie sollten sich vor verstreuter Kraft und Energie hüten, die aus einer grossen Vielfalt von Verlangen und Zielen resultiert.

Wenn Sie feststellen, dass nach Erreichen dieser Phase der Selektion und Eliminierung zu viele starke "unterschiedliche" Verlangen übrig sind, sollten Sie jede verbleibende Menge sorgfältig abwägen und sie den Tests der Erinnerung, der Imagination, der Assoziation und des rationalen Urteils unterziehen, indem Sie alles, was nicht profitabel und ausreichend vorteilhaft ist, verwerfen. Wenn Sie herausfinden, dass irgendwelche Ihrer Verlangen Sie mehr kosten, als Sie dafür zurückbekommen, dann lassen Sie all diejenigen los, die nicht für ihren Unterhalt bezahlen."

Fahren Sie fort, bis Sie nur noch ein paar vergleichsweise wenige Verlangen übrighaben, die sich alle als wertvoll erwiesen haben und überragende emotionale Stärke und Tiefe besitzen. Diese sollten auch den Preis wert sein, den Sie bereit sind, für ihre Pflege und Erhaltung zu zahlen. Behandeln Sie alle neuen Verlangen, die in Ihnen auftauchen, auf dieselbe Weise. Testen Sie sie so, wie Sie ihre Vorgänger getestet haben, und bestehen Sie darauf, dass sie beweisen, dass sie "lohnenswert" sind, bevor Sie sich entscheiden, sie zu behalten. Wenn sie Sie mehr kosten, als Sie aus ihnen rausbekommen, werfen Sie sie weg. Bestehen Sie darauf, dass sie "ihren Unterhalt bezahlen" und Ihnen daneben einen emotionalen Gewinn bringen. Führen Sie Ihre Emotions- und Verlangens-Gründung nach Geschäftsprinzipien.

Sie sind nun endlich in dem Stadium angelangt, in dem Sie auf Ihrer Liste nur noch Ihre dominanten Verlangen haben – die Überlebenden im Kampf ums Dasein – die überlebenden Stärksten. Diese dominanten Verlangen müssen danach Ihr emotionales Reich beherrschen. Jeder Neuankömmling muss seinen Wert durch eine Kraftprobe mit diesen Dominanten Verlangen unter Beweis stellen – wenn er seine Stärke zeigt und seinen Platz sehr gut halten kann, kann er in die Liste aufgenommen werden. Diejenigen, die in der Niederlage untergehen, müssen eliminiert werden. Dies erfordet Kraft und Entschlossenheit von Ihrer Seite – aber Sie sind ein starkes und entschlossenes Individuum oder sind zumindest im Begriff eines zu werden.

Der Prozess der Selbstanalyse und Selektion, den Sie gerade in Betracht gezogen haben, wird Ihnen zwei Klassen von Berichten liefern, nämlich (1) er wird Ihnen Ihre stärksten Klassen von Verlangen zeigen – Ihre dominanten Verlangen; und (2) er wird Sie klar und eindeutig dazu bringen, Sich eine starke Vorstellung von jedem dieser dominanten Verlangen zu bilden und zu formen. In beiden Berichten wird es dazu führen, dass Sie "genau wissen, was Sie wollen", was das erste Erfordernis der Meisterformel der Errungenschaft ist.

VIII ES STARK GENUG WOLLEN

Der Meisterformel gemäss, muss man nicht nur "genau wissen, was man will", sondern "es auch stark genug wollen" und "bereit sein, den Preis für seine Errungenschaft zu zahlen". Nachdem wir die erste der oben genannten drei Voraussetzungen für die Erlangung des Verlangten berücksichtigt haben, bitten wir Sie nun, die zweite Voraussetzung zu betrachten, d. h. diejenige, "es stark genug zu wollen".

Sie denken vielleicht, dass Sie es "stark genug wollen", wenn Sie ein ziemlich starkes Verlangen oder Begehren nach irgendeiner Sache haben, aber wenn Sie Ihr Gefühl mit demjenigen von Personen vergleichen, die ein wirklich starkes, beharrliches Verlangen zeigen, werden Sie feststellen, dass Sie, für das, wofür Sie eine Neigung oder eine Bindung empfinden, lediglich einen "Wunsch" bekunden. Im Vergleich zum beharrlichen "Haben-Wollen" oder "Sein-Wollen" des gründlich erregten Verlangens ist Ihr "Wunsch" nur ein Schatten. Die Chancen stehen gut, dass Sie ein blosser Amateur – ein Dilettant – in der Kunst und Wissenschaft des "Haben-Wollens" und "Sein-Wollens" waren. Nur sehr wenige Menschen wissen wirklich, wie man "haben-will" oder "sein-will", so dass die Urkräfte der Kraft des Verlangens voll aktiviert werden.

Eine alte orientalische Fabel veranschaulicht die Natur des Verlangens, das zu vollster Stärke erweckt wurde. Die Fabel besagt, dass ein Lehrer seinen Schüler in einem Boot auf einen tiefen See mitnahm und ihn dann plötzlich über Bord stiess. Der Jugendliche sank unter die Wasseroberfläche, erhob sich aber innerhalb weniger Sekunden und schnappte nach Luft. Ohne ihm Zeit zu geben, seine Lungen mit Luft zu füllen, drückte ihn der Lehrer gewaltsam noch einmal nach unten. Der Jugendliche erhob sich zum zweiten Mal an die Oberfläche und wurde wieder nach unten gedrückt. Er erhob sich zum dritten Mal, fast völlig erschöpft; diesmal zog ihn der Lehrer über die Seite des Bootes und benutzte die üblichen Methoden, um seine normale Atmung wiederherzustellen.

Als sich der Jugendliche von seiner schweren Tortur vollständig erholt hatte, sagte der Lehrer zu ihm: "Sag mir, was war das Einzige, was Du dir vor allen anderen Dingen gewünscht hast, bevor ich Dich hineingezogen habe – das eine Verlangen, zu dem alle anderen Verlangen wie winzige Kerzen im Vergleich zur Sonne erscheinen?" Der Jugendliche antwortete: "Oh, Sir; vor allem verlangte ich nach Luft zum Atmen – für mich gab es zum Zeitpunkt kein anderes Verlangen!" Dann sagte der Lehrer: "Lass dies also das Mass Deines Verlangens nach dem sein, was Du erreichen willst, dem Dein Leben gewidmet ist!"

Sie werden das in dieser Fabel aufgezeigte Mass des Verlangens nicht vollständig erkennen, es sei denn, Sie setzen Ihre Vorstellungskraft ein, um sich im ertrinkenden Zustand der Jugendlichen zu fühlen – bis Sie das tun, ist die Fabel für Sie nur eine Angelegenheit von Worten. Wenn Sie die in diesem Jugendlichen vorhandene Stärke des Verlangens nach Luft, im Gefühl, wie auch im Denken, erfassen können, dann und nur dann, werden Sie in der Lage sein, ein ähnliches Mass an Verlangen nach den Objekten Ihrer primären "Haben-Wollen" und "Sein-Wollen" auszudrücken oder zu bekunden. Begnügen Sie sich nicht mit der intellektuellen Erkenntnis des Zustandes – induzieren Sie das entsprechende emotionale Gefühl auf bestmögliche Weise in sich selbst.

Um die Illustration zu variieren, werden Sie gut daran tun, in sich selbst (in der Vorstellung) die Realisierung des beharrlichen, überragenden Verlangens nach Nahrung zu induzieren, das der hungernde Mensch erfährt, der sich mitten im Winter im dichten Wald verloren hat. Die Chancen stehen gut, dass Sie noch nie im wahrsten Sinne des Wortes "hungerten"; alles, was Sie mit Hunger verwechselt haben, ist nur der Aufruf von Appetit oder Geschmack – das Ergebnis der Gewohnheit. Wenn Sie so hungern, dass eine alte, abgestandene, trockene Brotkruste nach Ihrem Geschmack lecker sein wird, dann fangen Sie an zu wissen, was echter Hunger ist. Die Männer, die, verloren im Wald oder schiffbrüchig, versucht haben, den intensiven Hunger zu stillen, indem sie die Rinde der Bäume nagten oder Lederstücke aus ihren Stiefeln kauten – diese Männer könnten Ihnen interessante Informationen über Hunger liefern. Wenn Sie Sich die Gefühle der Menschen in diesem Zustand vorstellen können, dann können Sie anfangen zu verstehen, was "beharrliches Verlangen" wirklich bedeutet.

Wiederum treiben die schiffbrüchigen Seeleute mit erschöpften Wasservorräten auf See; oder der Wüstenverlorene, der mit einem für den gewöhnlichen Menschen kaum vorstellbaren Durst über den heissen Sand wandert; diese Menschen wissen, was "beharrliches Verlangen" bedeutet. Der Mensch kann viele Tage ohne Nahrung leben, aber nur wenige Tage ohne Wasser und nur wenige Minuten ohne Luft. Wenn diese grundlegenden Lebensgrundlagen vorübergehend entzogen werden, findet das Lebewesen seine stärksten und elementarsten Gefühle und Verlangen geweckt – sie werden in Leidenschaften verwandelt, die nachdrücklich Befriedigung und Zufriedenstellung verlangen. Wenn diese elementaren Emotionen und Verlangen gründlich geweckt werden, werden alle abgeleiteten emotionalen Zustände vergessen. Stellen Sie sich den emotionalen Zustand des hungernden Menschen in Sichtweite der Nahrung vor, oder des dürstenden Menschen in Reichweite von Wasser, wenn eine andere Person oder Sache eingreift und versucht, die Erlangung dessen zu vereiteln, nachdem der leidende Mensch zu diesem Zeitpunkt über alle Massen verlangt.

Weitere Beispiele für beharrliches Verlangen gibt es bei Wildtieren in der Paarungszeit, bei denen sie Leben riskieren und sich ihren mächtigen Rivalen widersetzen, um den ausgewählten Partner zu sichern. Wenn Sie in der Paarungszeit jemals auf einen Elch gestossen sind, werden Sie ein lebendiges Bild und eine Vorstellung von dieser Phase des elementaren Verlangens haben, die bis hin zur "beharrlichen Forderung" angehoben wurde.

Betrachten Sie ferner das intensive emotionale Gefühl und das damit verbundene Verlangen der Mutterkreatur im Zusammenhang mit dem Wohlergehen und dem Schutz ihrer Jungen, wenn letztere von Gefahren bedroht werden – dies zeigt Ihnen die Natur und den Charakter des elementaren Verlangen, das in seinem vollen Umfang geweckt wurde. Selbst kleine Vögel werden überwältigenden Chancen zuwider kämpfen, wenn sie sich dem Tier oder dem Menschen widersetzen, der versucht, ihre Nester auszurauben. Nur ein wenig beherztes Mutter-Tier, wird sein Leben nicht riskieren, und dem Tod ins Auge schauen, um seine Jungen zu schützen. Die weibliche Wildgestalt wird doppelt beeindruckend, wenn sie von ihren Jungen begleitet wird. "Das Weibchen einer Gattung" ist weitaus "tödlicher als das Männchen", wenn es um das Wohl seiner Jungen geht. Die Orientalen haben ein Sprichwort: "Nur ein sehr mutiger oder sehr törichter Mann, wird versuchen, ein Tigerjunges zu stehlen, während seine Mutter in der Nähe lebt und frei ist. "

Wir haben Ihre Aufmerksamkeit nicht nur auf die oben genannten Anschauungsbeispiele und Illustrationen der Kraft stark erregter elementarer Emotionen und Verlangen gelenkt, um Sie darauf hinzuweisen, wie mächtig solche Verlangen und Gefühle unter den entsprechenden Umständen und Bedingungen werden, sondern auch, um Sie zu einer Erkenntnis der Existenz einer latenten emotionalen Stärke und Kraft in allen Lebewesen zu bringen, die unter dem richtigen Reiz in der Lage ist, zu einer unermüdlichen Aktivität erregt zu werden und auf, durch den Reiz angegebene, bestimmte, definitive Ziele und Zwecke ausgerichtet zu werden. Dass diese Stärke und Kraft durch die oben genannten besonderen Formen des Reizes geweckt wird und in Richtung dieser fliesst, ist allgemein bekannt. Aber dass es durch andere Formen des Reizes (ein Reiz welcher sich das Individuum absichtlich vorlegt) zu gleicher Stärke, Kraft und Intensität erregt werden kann, ist den Meisten nicht bekannt; nur Wenige haben Kenntnis von diesem Geheimnis.

Wir bitten Sie, Ihre Vorstellungskraft hier noch einmal für einen Moment zu nutzen. Stellen Sie sich ein Individuum vor, das "sein Mind auf die Erreichung eines bestimmten Ziels oder Zweckes gerichtet hat", so dass es die latente Kraft des Verlangens in sich soweit geweckt hat, dass es dieses Ziel oder diesen Zweck im selben Grad der Stärke, Kraft,

Beharrlichkeit und Heftigkeit "haben will" oder "sein will", die manifestiert wird durch den ertrinkenden Menschen, der Luft "will"; durch in der Wüste umherirrende Mensch, der Wasser "will"; durch den Hungernden, der Nahrung "will"; durch das wilde Wesen, das seinen Gefährten "will"; durch das Muttertier, das das Wohlergehen seiner Jungen "will". Dies ist das Individuum, in dem die elementare Kraft des Verlangens in diesem Masse geweckt und auf die Erreichung oder Verwirklichung seines dominanten Verlangens ausgerichtet wurde. Möchten Sie mit einem solchen Mann um die Erlangung dieses Objekts seiner Verlangenskraft konkurrieren? Würden Sie gerne das entgegengesetzte Hindernis sein, das direkt auf seinem Weg des Fortschritts und der Erlangung steht? Möchten Sie mit ihm die Rolle spielen, die derjenigen entspricht, die versuchen würde, einem hungernden Wolf den Knochen wegzureissen oder das Tigerjunge den Pfoten seiner wilden Mutter zu entziehen?

Dies ist natürlich ein Extremfall oder eine extreme Veranschaulichung. Nur sehr wenige Individuen erreichen tatsächlich das angegebene Stadium – obwohl es keineswegs unmöglich ist; aber viele kommen weit auf diesem Weg. Die starken, erfolgreichen Männer, die "es gut gemacht" haben, die "angekommen" sind, die "Dinge erreicht" haben, in irgendeiner Linie des menschlichen Bestrebens, werden sich in dieser Richtung auf dem Weg des Verlangens als ziemlich weit gekommen erwiesen haben. Sie haben in sich die starke, elementare Kraft des Verlangens geweckt, die in den Tiefen des mentalen und emotionalen Wesens – der "Seele", wenn man so will – jedes menschlichen Geschöpfes schlummert; und sie haben diese Urkraft veranlasst, durch die Kanäle der eindeutigen dominanten Verlangen zu strömen, die sie aus den Tiefen des unterbewussten Selbst an die Oberfläche ihrer Natur gebracht haben.

Schauen Sie in irgendeine Richtung, und Sie werden feststellen, dass die starken, meisterhaften, dominanten, erfolgreichen Menschen diejenigen sind, in denen die Kraft des Verlangens geweckt und auf diese Weise gesteuert wurde. Diese Menschen "wissen, was sie wollen" – so wie der

Ertrinkende, der Hungrige, der Dürstende, die wilde Kreatur im Paarungstrieb, das Muttertier, jeder von ihnen weiss, was er oder sie will – sie hegen bezüglich ihrer dominanten Verlangen keine Zweifel. Und diese Menschen wollen das, was ihre dominanten Wünsche repräsentiert auch "stark genug", genauso stark wie der ertrinkende Mensch, der hungernde Mensch und der Rest unserer veranschaulichenden Beispiele. Und wie diese Beispiele waren auch diese Menschen "bereit, den Preis zu zahlen".

Gehen Sie über die Liste der erfolgreichen Männer und Frauen, deren Karriere Sie kennen. Setzen Sie auf diese Liste die grossen Entdecker, Erfinder, Entdecker, Militärs, Geschäftsleute, Künstler, literarische Männer und Frauen, all jene, die erfolgreich "Dinge getan" haben. Dann prüfen Sie Name für Name, während Sie den biographischen Bericht über die Kraft des Verlangens entdecken, der von diesen Individuen bekundet wird. Sie werden feststellen, dass in jedem einzelnen Fall die "Definitiven Ideale, Beharrliches Verlangen, Zuversichtliche Erwartung, hartnäckige Entschlossenheit und Ausgewogene Kompensation" vorhanden waren, welche die Meisterformel der Errungenschaft unserer Anweisung darstellen. Und diese zweite Voraussetzung – das "Beharrliche Verlangen" – wurde als diese elementare Kraft des Verlangens befunden, die in die entsprechenden Kanäle der Manifestation und des Ausdrucks geleitet wird. Diese Individuen "wussten genau, was sie wollten"; sie "wollten es stark genug"; und sie waren "bereit, den Preis zu zahlen".

Es ist dieser Geist des "stark genug Wollens", der die Männer und Frauen mit starkem Ziel und Entschlossenheit von der gewöhnlichen Herde von Menschen hervorhebt, die sich die Dinge auf sanfte, schwache und konventionelle Weise "wünschen" – der die wahren "Wollen" von den dilettantischen "Wünschern" unterscheidet. Es war die Anerkennung dieses Geistes bei den Menschen, die Disraeli dazu veranlasste zu sagen, dass lange Meditation ihn zu der Überzeugung gebracht hatte, dass ein Mensch mit einem festen Zweck und mit einem Willen, der sogar seine eigene Existenz selbst für dessen Erfüllung aufs Spiel setzen würde, diesen Zweck sicherlich erfüllen muss.

"Aber", können Sie sagen, "wenn Ich die Wahrheit Ihrer Prämisse zugebe, wie soll ich vorgehen, um die schlummernde, latente Kraft des Verlangens in mir zu wecken und sie in Richtung der Verwirklichung meiner dominanten Verlangen fliessen zu lassen?" Um diese zu Frage beantworten, würden wir sagen: "Fangen Sie ganz vorne an, und fahren Sie damit fort, die latente Kraft des Verlangens zu wecken und hervorzubringen, indem Sie ihr den Reiz von suggestiven und anregenden Ideen und Bildern präsentieren". Denn von Anfang bis Ende herrscht das in jenem Axiom der Psychologie ausgedrückte Prinzip vor, das besagt: "Das Verlangen wird geweckt und fliesst in Richtung der Dinge, die durch Ideen und mentale Bilder repräsentiert werden; je stärker und klarer die Idee oder das mentale Bild, desto stärker und hartnäckiger ist das geweckte Verlangen, unter sonst gleichen Umständen".

Sie sollten dieses Prinzip von Anfang an anwenden, auch in der Phase der halb erwachten Verlangenskraft. In Ihnen wohnt ein grosser Vorrat an latenter, ruhender Kraft des Verlangens – ein grosses Reservoir an Kraft des Verlangens, das fast inaktiv ist, aber in sich selbst die latenten und aufkommenden Kräfte wunderbar vielfältiger Bekundungen und Ausdrucksformen enthält. Sie werden gut daran tun, damit zu beginnen, dieses grosse Reservoir der Kraft des Verlangens "aufzuheizen" – sie allgemein zur Aktivität zu erwecken, mit dem Ziel, danach ihre Kraft zu lenken und sie in und entlang der Kanäle des Ausdrucks und der Manifestation, die Sie ihr dafür bereitgestellt haben, ausströmen lassen können.

Im grossen Krater eines mächtigen Vulkans auf Hawaii, vor dem kühnen Besucher am Rand des Abgrunds, befindet sich ein grosser See aus geschmolzener Lava, der blubbert und brodelt, kocht und sprudelt, in einem Zustand des zischenden Überschäumens – sozusagen ein See aus flüssigem Feuer. Dieser grosse feurige See ist an seiner Oberfläche vergleichsweise ruhig, aber die Überschäumung geht von seinen Tiefen aus. Der ganze Körper der feurigen Flüssigkeit zeigt ein rhythmisches, gezeitenartiges Auf und Ab und ein Schwingen von Seite zu Seite des Kraters. Der Betrachter ist beeindruckt von der Erkenntnis einer latenten und entstehenden Kraft von fast unermesslichen Manifestations- und Ausdrucksmöglichkeiten. Er fühlt sich von der Überzeugung getragen, dass dieser brodelnde, ansteigende und absinkende, schwankende, gewaltige Körper aus flüssigem Feuer, wenn er einmal vollständig in Aktivität versetzt wurde, bis zum Rand des Kraters kochen und brodeln würde, und überfliessen, in die Täler unter ihm hinabströmen und jedes Hindernis auf seinem Weg zerstören würde.

Dieser grosse See aus geschmolzener Lava – dieser grosse Körper aus flüssigem Feuer – ist ein Symbol für den grossen Körper aus latenter und werdender Verlangenskraft, der in jedem Individuum – in IHNEN – wohnt. Sie ruht dort, vergleichsweise inaktiv auf der Oberfläche, bekundet aber immer eine eigentümliche, aufgewühlte Überschäumung, die aus ihren grossen Tiefen kommt. Sie siedet und kocht, sprudelt und blubbert, steigt und fällt in gezeitenähnlichem Rhythmus, schwankt in rhythmischer Reihenfolge von Seite zu Seite. Sie scheint Ihnen immer wieder zu sagen: "Ich bin hier, rastlos und unruhig, immer sehnsüchtig, begehrend, hungernd, dürstend unf verlangend nach Ausdruck und Manifestation in konkreter Form und Richtung. Rege mich an, erwecke meine innere Kraft, bringe mich in Bewegung, und ich werde mich erheben und meine Kraft behaupten um für dich das zu erreichen, was Du anordnest!"

In dieser Phase der Kraft des Verlangens, ihrer allgemeinsten Phase, werden Sie mit einer vagen Unzufriedenheit und einem leichten Unmut erfüllt sein – einem Sehen, einem Wunsch, einer Begierde und einem Streben nach Ausdruck und Manifestation jeglicher Art, obwohl Sie nicht wissen, was genau Sie haben oder sein wollen. Die Neigung und der Drang sind da, aber die Richtung fehlt. Hier manifestiert sich Verlangenskraft in einem nur vagen Gefühl der Unruhe – in einem fast unbewussten Drang und dem Streben nach äusserem Ausdruck – in einer fast unbewussten Neigung oder Tendenz zur äusserlichen

Bekundung und Aktion in Richtung mehr oder weniger bestimmter Ziele. Aber auch hier gibt es die Gegenwart der Idee, welche die latente und aufkommende Kraft des Verlangens aufwühlt und hervorruft; aber diese Idee ist nur die eines allgemeinen Drangs sich auszudrücken oder zu bekunden – sie erregt nur eine allgemeine Unzufriedenheit mit dem gegenwärtigen Zustand, begleitet von dem konativen Drang nach der Erreichung einer besseren Verfassung, eines besseren Zustandes oder Kanals des Ausdrucks.

Einige gute Lehrer behaupten, dass es in diesem Stadium keine mögliche Entwicklung von Verlangenskraft gibt und in der Tat auch keine Notwendigkeit dafür. Aber wir, die gegenwärtigen Schriftsteller, sind der Meinung, dass dies ein Fehler ist. Wir glauben, dass es schon in diesem frühen Stadium oder in dieser Phase der Kraft des Verlangens möglich ist, sie zur Aktivität zu wecken und zu stimulieren, bis hin zum Zweck, sie später in bestimmte Ausdrucks- und Manifestationskanäle leiten zu können. Darüber hinaus glauben wir, dass die Natur, die in ihren zahlreichen pfiffigen Fortschritten, Aufstiegen und "Sprüngen" im evolutionären Prozess, in dem die Lebewesen weit über das Normale hinaus Fortschritte gemacht haben, auf diese Weise vorgegangen ist. Wir glauben, dass die Natur in solchen Zeiten ein "Blubbern" verursacht hat und die überfliessende Kraft des Verlangens veranlasst hat, nach neuen und breiteren Wegen der Manifestation zu suchen.

Selbstverständlich erkennen wir, dass dieses Aufrütteln oder Anregen Ihrer latenten Kraft des Verlangens dazu geeignet ist – und sicherlich auch dazu führen wird -, dass Sie zusätzliche Unzufriedenheit erzeugen werden; aber was soll's? Einige Philosophen loben den Geist der Zufriedenheit und sagen, dass Glück nur darin zu finden ist. Wie dem auch sei, es kann ebenso positiv behauptet werden, dass alle Fortschritte aus Unzufriedenheit resultieren.

Es ist natürlich sehr philosophisch, dem Rat zu folgen: "Wenn man nicht haben kann, was man will, muss man mögen, was man hat", – diese Idee erzeugt ein gewisses Gefühl von Zufriedenheit. Aber wir würden dem Aphorismus die folgende Qualifizierungsklausel hinzufügen, die da ist: "und man kann nicht sicher sein, dass man nicht das haben kann, was man will, bis man alle Möglichkeiten ausgeschöpft hat, es zu bekommen".

Während wir den Wert von Zufriedenheit anerkennen, glauben wir gleichzeitig daran, das "Evangelium der Unzufriedenheit" in einem vernünftigen Masse und Umfang zu predigen. Wir glauben, dass Unzufriedenheit der erste Schritt auf dem Weg zur Vollendung ist. *[Anmerkung des Übersetzers: es gilt zu unterscheiden zwischen der Unzufriedenheit, welche VON INNEN HERAUS entsteht, wenn man seine Genialität nicht in dem Ausmass ausleben kann, wenn man es noch nicht schafft, seiner Kreativität Ausdruck zu verleihen, wie man danach verlangt; und der VON AUSSEN INDUZIERTEN Unzufriedenheit, wenn man hier und jetzt nicht das haben kann was man hier und jetzt haben will. Erstere regt zur kreativer Handlung an – zum Geben; und zur Entfaltung seiner Genialität im Dienste und zum Wohle der Allgemeinheit, letztere zu destruktiver Handlung – zu ungerechtfertigtem Nehmen]* Wir glauben, dass es gerade diese göttliche Unzufriedenheit ist, die Männer und Frauen dazu bringt, das göttliche Abenteuer des Lebens in Angriff zu nehmen, welche das Rückgrat und die Grundlage allen menschlichen Fortschrittes ist. Zufriedenheit kann zu weit getrieben werden. Absolute Zufriedenheit führt zu Apathie und Lethargie – sie stoppt die Räder des Fortschritts. Die Natur ist offensichtlich nicht zufrieden, sonst würde sie aufhören, den Prozess der Evolution zu bekunden. Offensichtlich war die Natur schon immer mit dem Geist der Unzufriedenheit erfüllt, wenn man von ihrer unveränderlichen Manifestation des Gesetzes der Veränderung ausgeht. Ohne Unzufriedenheit und das Verlangen nach Veränderung gäbe es keine Veränderung in der Natur. Das Gesetz des stetigen Wandels zeigt deutlich die Meinung der Natur zu diesem Thema und ihre vorherrschenden Gefühle und Verlangen in dieser Angelegenheit.

Sie werden gut daran tun, Ihr grossartiges Gebilde der elementaren Kraft des Verlangens zu erhöhte Aktivität und zu Umwandlung seiner statischen Kraft in dynamische Kraft "anzuregen" – sie aus ihrem

Zustand der Halb Rast in den Zustand erhöhter Ruhelosigkeit und Tendenz, in Aktion überzugehen, zu bringen. Sie können dies auf die gleiche Weise tun, die Sie später bei spezifischen, besonderen und konkreten Verlangen einsetzen werden, d. h. indem Sie ihr suggestive und anregende Ideen und mentale Bilder präsentieren!

Beginnen Sie damit, Ihrer elementaren Kraft des Verlangens die suggestive Idee und das mentale Bild von sich selbst als dem grossen See aus geschmolzener Lava oder flüssigem Feuer ähnlich zu präsentieren, gefüllt mit latenter und entstehender Energie, Kraft und Stärke; gefüllt mit dem elementaren Drang nach Ausdruck und Manifestation in äusserer Form und Handlung; fähig und bereit, alles zu erreichen, was sie mit ausreichender Kraft zu tun verlangen, vorausgesetzt, es wird ein definitiver Kanal für ihren Kraftfluss bereitgestellt. Zeigen Sie ihr das Bild von sich selbst als bereit und willens, ihre statische Energie in dynamische Kraft umzuwandeln und entlang der Kanäle zu fliessen, die Sie ihr zur Verfügung stellen werden – und vor allem, als durchaus in der Lage, dies zu tun, wenn sie sich nur zu dynamischer Aktion erregt. Kurz gesagt, präsentieren Sie ihrem Blick ihre idealistische und ideative mentale Ausrüstung in Form der Oberfläche eines grossen Spiegels, der das Bild der elementaren Kraft des Verlangens widerspiegelt, wie sie sich diesem Spiegel präsentiert – lassen Sie die Kraft des Verlangens sich selbst so sehen, wie sie ist. Stellen Verlangen mit seiner komplementären Vorstellung bereit.

Sie werden gut daran tun, dieses mentale Bild mit einer verbalen Aussage oder Bekräftigung der Details dieses Bildes zu begleiten. Behandeln Sie Ihre elementare Kraft des Verlangens so, als wäre sie eine Einheit – es gibt übrigens einen triftigen psychologischen Grund dafür – und sagen Sie ihr genau, was sie ist, was ihre Kräfte sind und was ihre wesentliche Natur ist, welche die Bereitschaft zum Ausdruck bringt, sich in äusserer Form und Aktivität zu manifestieren. Prägen Sie ihr diese suggestiven Aussagen, so fest, ernsthaft und hartnäckig wie möglich ein. Versorgen Sie die Verlangenskraft mit dem Element der Vorstellung und der mentalen Bilder. Geben Sie ihr das Bild, dessen was sie ist, und das Muster oder Schaubild, dessen was sie tun kann, wenn sie will.

Das Ergebnis dieser auf Ihre elementare Kraft des Verlangens angewandten "Behandlung" wird sich bald in einem verstärkten Gefühl einer stärkeren rhythmischen Gezeitenbewegung und Seite-zu-Seite-Bewegung zeigen, wie bereits beschrieben; und in einer erhöhten Rate und Stärke ihrer brodelnden, kochenden, sprudelnden, blubbernden Überschäumung. Aus ihrer Tiefe werden mächtige Impulse, Antriebe, Umwälzungen und Aufstände entstehen. Der grosse geschmolzene See der Kraft des Verlangens wird mit erhöhter Kraft zu kochen beginnen und dazu neigen, Willensdampf zu produzieren. Sie werden neue und eigenartige Beweise für den Drang der Kraft des Verlangens in Sich erfahren, welche nach Ausdruck und Manifestation auf den Kanälen, die Sie dafür vorgesehen haben, sucht. Bis jetzt werden die Verlangen jedoch noch keine endgültige Form oder Richtung angenommen haben; sie werden sich lediglich in dem Zustand manifestieren, der als "Rohes Verlangen" bezeichnet wird — der grossen elementaren allgemeinen Kraft des Verlangens, die in allen Dingen immanent ist.

Aber bevor Sie diese Stufe erreicht haben, müssen Sie die Kanäle geschaffen haben, durch die die überfliessende Kraft des Verlangens fliessen soll, wenn sie die Stufe "Überkochen" erreicht. Diese Kanäle müssen nach dem Vorbild jener Verlangen gebaut werden, die sich als Ihre dominanten Verlangen erwiesen haben. Bauen Sie diese Kanäle, tief, breit und stark. Aus ihnen können Sie danach kleine Kanäle für Ihre sekundären und derivativen Verlangen ableiten, die sich aus Ihren dominanten Wünschen ergeben. Derzeit liegt Ihr Hauptaugenmerk jedoch auf Ihren Hauptkanälen. Lassen Sie jeden Kanal die klare, tiefe, starke Vorstellung und das mentale Bild "genau dessen, was Sie wollen" darstellen, wie Sie es klar und deutlich sehen und wissen. Sie haben genau herausgefunden, was Sie wollen, wann Sie es wollen und wie Sie es wollen; lassen Sie ihre Kanäle diese Ideen so genau wie möglich darstellen. Bauen Sie die Ufer hoch, um jegliche Verschwendung zu vermeiden; bauen Sie die Wände stark, um der Belastung standzuhalten;

bauen Sie den Kanal tief und breit, um die volle Kraft und Menge der Strömung zu tragen.

Mit "die Kanäle Ihrer dominanten Wünsche erschaffen"; meinen wir, die Wege zu bestimmen, die von dem überfliessenden Strom der Kraft des Verlangens durchflossen werden sollen, wenn er aus seinem latenten, den "überkochenden" Zustand erreicht hat. Diese Kanäle oder Wege werden mental durch den Einsatz von kreativer Vorstellungskraft und Imagination geschaffen. Diese mentalen Kräfte manifestieren sich in Richtung, die Ideen und mentalen Bilder Ihrer dominanten Verlangen, die Sie in Ihrem Prozess der Selbstanalyse entdeckt haben, zu erschaffen und Ihrem Bewusstsein zu präsentieren. Die Arbeit der Erschaffung dieser Kanäle ist eigentlich nur eine Fortsetzung der mentalen Arbeit, die Sie bei der Entdeckung Ihrer dominanten Verlangen geleistet haben.

Bei der Erstellung dieser Kanäle sollten Sie drei allgemeine Regeln wie folgt beachten:

Machen Sie die Kanäle klar und sauber, indem Sie eine klare, saubere, eindeutige, und definitive Vorstellung von jedem Ihrer dominanten Verlangen schaffern und aufrechterhalten, in welcher sich der gesamte Gedanke über das dominante Verlangen verdichtet und in der es kein fremdes oder unwesentliches Material gibt.

Machen Sie die Kanäle tief und weit, indem Sie mentale Bilder oder suggestive Vorstellungen formen, die an die emotionalen Gefühle appellieren, die mit den dominanten Verlangen verbunden sind, und so den Appetit dieser Verlangen, durch die Darstellung der Objekte der Begierde und durch die Präsentation imaginärer Bilder der Freuden, die ihrer endgültigen Errungenschaft und Vollendung beiwohnen werden, erregen.

Machen Sie die Ufer stark durch den Einsatz der Hartnäckigen Entschlossenheit des Willens, damit der mächtige, flinke Strom innerhalb der Grenzen des dominanten Verlangens gehalten werden kann und ein Entkommen und Vergeuden nicht zugelassen wird, wodurch er seine Energie und Kraft über das umgebende Land verteilen würde.

Wenn Ihr Strom frei fliesst, werden Sie es für notwendig halten, kleine Kanäle zu bauen, die dazu dienen, das Erreichen von Objekten und Zwecken zu erreichen, die für das Erreichen der Objekte und Zwecke der Hauptkanäle hilfreich sind. Befolgen Sie beim Aufbau dieser kleinen Kanäle die gleichen allgemeinen Regeln und Prinzipien, die wir Ihnen gegeben haben. Von den grossen Hauptkanälen bis hinunter zum kleinsten Kanal gilt das gleiche Prinzip. Bauen Sie immer klar und sauber, mit Hilfe von konkreten Ideen und Zielen; bauen Sie immer tief und breit, mit Hilfe von suggestiven Vorstellungen und mentalen Bildern; bauen Sie immer starke Ufer, mit Hilfe des entschlossenen Willens.

Indem wir diese Betrachtung der zweiten Voraussetzung, d. h. des Elements "es stark genug wollen", abschliessen, möchten wir Ihrem Mind die enorme vitalisierende und anregende Kraft einprägen, die von Suggestiven Vorstellungen und Mentalen Bildern auf die Kraft des Verlangens ausgeübt wird. Suggestive Vorstellungen und mentale Bilder wirken auf die Kraft des Verlangens mit enormer Wirkung in Richtung Anregung, Erregung, Aufrühren, Stimulierung, Aufregung, Anregung, Animation, Motivation, Anstiftung, Provokation, Bewegung, Ermutigung, Belebung und Drang zu Ausdruck und Manifestation. Es gibt keine anderen Anreize, die diesen gleich sind. Alle starken Verlangen werden durch solche Anreize geweckt, bewusst oder unbewusst angewandt.

Sie haben zum Beispiel vielleicht keinen Wunsch, Kalifornien zu besuchen. Dann wird Ihr Interesse für diesem Teil des Landes durch das geweckt, was Sie darüber lesen oder hören, und ein vager Wunsch, ihn zu besuchen, wird in Ihnen geweckt. Später dienen Informationen in der Richtung, Ihnen zusätzliches Material für suggestive Vorstellungen und mentale Bilder zu geben, dazu, Ihr Verlangen nach "Kaliforniern zu gehen" zu wecken. Sie beginnen eifrig nach weiteren Ideen und Bildern zu suchen, und je mehr Sie bekommen, desto stärker wächst die Flamme ihres Verlangens. Zuletzt "wollen Sie es stark genug", und wenn Sie alle Hindernisse beiseiteschieben, "bezahlen Sie den Preis" und machen die Reise durch die Prärie. Wären Sie nicht mit den zusätzlichen suggestiven

Vorstellungen und mentalen Bildern ausgestattet worden, wäre Ihr ursprünglicher Wunsch bald wieder erloschen. Sie kennen erfahrungsgemäss die Wahrheit dieses Prinzips; Sie wissen auch, wie Sie es nutzen würden, wenn Sie einen Freund zu einem Besuch in Kalifornien bewegen wollten, nicht wahr? Dann fangen Sie an, mit ihm an seiner Kraft des Verlangens zu arbeiten, wenn Sie ihn dazu anregen möchten, etwas "stark genug zu wollen", von dem Sie wissen, dass es für Sie von Vorteil ist!

Es ist üblich, dieses Prinzip durch die Figur zu veranschaulichen, das Öl der Idee auf die Flamme des Verlangens zu giessen, um so die Kraft desselben zu erhalten und zu stärken. Die Redewendung ist gut – die Illustration erfüllt ihren Zweck gut. Aber Ihr Gedächtnis und Ihre Vorstellungskraft, die Ihre Erfahrung repräsentieren, werden Sie mit einem etwas näher gelegenen Zuhause versorgen. Alles, was Sie tun müssen, ist, sich vorzustellen, welche Wirkung auf sie einwirken würde, wenn Sie hungrig wären und in der Lage wären, das mentale Bild zu gestalten oder die suggestive Vorstellung einer besonders appetitlichen Mahlzeit zu schaffen. Auch wenn Sie nicht wirklich hungrig sind, wird Ihnen der Gedanke an eine solche Mahlzeit den Mund wässrig machen.

Auch hier können Sie sich leicht vorstellen, wie sich die Wirkung auf Sie einwirkt, wenn Sie auf einer langen Fahrt ausgetrocknet und intensiv durstig sind, durch das lebhafte mentale Bild oder die starke suggestive Idee einer klaren, kalten Quelle aus Bergwasser. Oder, wenn man in einem stickigen, schlecht belüfteten Büro an die frische Luft des Berglagers denkt, in dem man im letzten Sommer angeln ging – wenn man sich die Freuden des Erlebnisses anschaut – können sie leugnen, dass Ihre Verlangenskraft intensiv hervorgerufen und erregt ist und dass sie Lust haben, alles fallen zu lassen und unverzüglich "in den Wald zu gehen".

Heben Sie das Prinzip auf seine extreme Form der Manifestation an und versuchen Sie, sich die Wirkung eines Traums von reichlicher Nahrung auf den verhungernden Mann vorzustellen; den Traum des dürstenden Mannes, in dem fliessende Wasserquellen dargestellt sind. Versuchen

Sie, sich die Wirkung das fernen Brüllens eines paarungsbereiten wilden Elchbullen auf den gesuchten Gefährten hat, vorzustellen – würden Sie ihm bei dieser Gelegenheit seinen Weg versperren wollen? Stellen Sie sich schliesslich die emotionale Erregung und den Rausch des Verlangens einer Tigerin vor, wenn sie in Sichtweite von Nahrung für ihre halb verhungerten Jungen kommt; oder ihre Kraft des Verlangens, wenn sie fernab den Notschrei ihrer Jungen hört.

Um so stark "haben zu wollen" und "sein zu wollen" wie diese Menschen und wilden Kreaturen, die wir als Illustrationen eingesetzt haben, müssen Sie Ihre Kraft des Verlangens mit suggestiven Vorstellungen und mentalen Bildern füttern, die in ihrer anregenden Kraft denjenigen ähnlich sind, die ihre dominanten und übergeordneten "haben wollen" und "sein wollen" in die Tat umsetzen. Das sind natürlich Extremfälle – aber sie dienen dazu, das Prinzip zu veranschaulichen.

Kurz gesagt, um es "stark genug zu wollen", müssen Sie einen nagenden Hunger und einen brennenden Durst nach den Objekten Ihrer dominanten Verlangen erzeugen; diesen müssen Sie intensivieren und kontinuierlich machen, indem Sie immer wieder suggestive Vorstellungen und mentale Bilder vom Fest der guten Dinge und vom Fliessenden Brunnen präsentieren, der Sie bei erfolgreicher Verwirklichung oder Errfüllung der Verlangen erwartet.

Oder Sie müssen wie der halb ertrunkene Jugendliche sein, der vor allem anderen "einen Atemzug Luft" will – ihn mit all der heftigen Energie seiner Seele und seines Seins will; und Sie müssen immer die suggestive Vorstellung und das mentale Bild von "der ganzen Luft, die es gibt" vor sich haben, die sich direkt über der Oberfläche des Wassers der Not, in das Sie jetzt eingetaucht sind, befindet. Wenn Sie diese mentalen und emotionalen Bedingungen in Sich selbst erschaffen können, dann und nur dann, werden Sie wirklich wissen, was es bedeutet, "stark genug zu wollen".

Denken Sie gut über diese Vorstellung nach, bis Sie ihre volle Bedeutung erfassen!

IX DEN PREIS BEZAHLEN

Gemäss der Meisterformel muss man, um das zu bekommen, was man will, nicht nur "genau wissen, was man will", "es nicht nur stark genug wollen", sondern auch "bereit sein, den Preis für seine Leistung zu zahlen". Wir haben das erste und das zweite dieser Elemente einer erfolgreichen Errungenschaft betrachtet; lassen Sie uns nun das dritte betrachten und erfahren, was es bedeutet, "bereit zu sein, den Preis der Errungenschaft zu zahlen".

Dieses letzte Element des Erfolgs – diese letzte Hürde im Rennen – ist oft der Punkt, an dem viele Menschen scheitern: obwohl sie galant über die mehreren ersten Hürden reiten, so stolpern und fallen sie doch, wenn sie versuchen, diese letzte zu überwinden. Dies nicht so sehr aufgrund der wirklichen Schwierigkeit, dieses Hindernis zu überwinden, sondern weil sie dazu neigen die Aufgabe zu unterschätzen und demzufolge ihre Energien zu entspannen. Wenn sie denken, dass das Rennen praktisch vorbei ist, ignorieren sie Sorgfalt und Vorsicht und treffen so auf das Scheitern. Da der Preis fast in Reichweite ist, entspannen sie sich und verlieren ihn.

Das Gesetz der Kompensation findet sich in vollem Einsatz im Reich des Verlangens, aber auch in jedem anderen Bereich und jeder anderen Region des Lebens und Handelns. Es ist immer das Beharren auf Ausgewogenheit vorhanden, das die Natur immer von denjenigen verlangt, die ihre Preise suchen. Es gibt immer etwas, das man aufgeben muss, damit man etwas anderes gewinnen kann. Man kann nicht gleichzeitig seinen Kuchen und seinen Groschen haben – man muss den Groschen ausgeben, wenn man den Kuchen kaufen will. Auch kann man seinen Groschen nicht behalten und dennoch ausgeben. Die Natur zeigt kühn und deutlich ihr Schild "Bezahle den Preis!". Noch einmal zitieren wir das alte Sprichwort: "Die Götter sagten zum Menschen: 'Nimm, was Du willst, aber bezahle den Preis'".

Als Sie in der Praxis den Prozess der Auswahl der Dominanten Verlangen mit dem dazugehörigen Kampf um Existenz und Überleben des Stärkeren unter den konkurrierenden Verlangen durchführten, fingen Sie bereits an, den Preis für die Erreichung Ihrer Dominanten Verlangen zu "zahlen"; dies, weil Sie einen oder mehrere Verlangen zugunsten einer bevorzugten Menge beiseitelegten und auf sie verzichteten. Jede Gruppe von Verlangen hat ihre gegensätzliche Gruppe, und auch andere Gruppen, die bis zu einem gewissen Grad ihre volle Manifestation stören würden; Sie müssen den Preis dafür zahlen, dass Sie die eine Gruppe von Verlangen erreichen, indem Sie die anderen Gruppen aufgeben.

Um das Ziel Ihres Verlangens nach Reichtum zu erreichen, müssen Sie den Preis dafür zahlen, dass Sie auf Verlangen für bestimmte Dinge verzichten, die Sie daran hindern würden, Geld zu anzuhäufen. Um das Ziel Ihres Verlangens nach allem möglichen Wissen in einem bestimmten Studien- und Forschungsgebiet zu erreichen, müssen Sie "den Preis zahlen", indem Sie Ihre Verlangen nach einem ähnlichen Wissensstand in einem anderen Gedanken- und Studiengebiet aufgeben. Um das Ziel Ihres Verlangens nach Geschäftserfolg zu erreichen, müssen Sie "den Preis" für harte Arbeit und das Vorbeigehen an den Objekten Ihrer Verlangen nach Spiel, Vergnügen und Genuss zahlen, welche die Vernachlässigung Ihres Unternehmens erfordern würden. Und so weiter: Um das Ziel einer bestimmten Gruppe von Verlangen zu erreichen, müssen Sie immer den Preis dafür zahlen, dass Sie die Objekte anderer Gruppen von Verlangen aufgeben müssen.

In einigen Fällen ist dieser Prozess der Unterbindung gegensätzlicher Verlangen vergleichbar mit dem des Jätens Ihres Gartens oder des Beschneidens Ihrer Bäume – der Beseitigung der nutzlosen und schädlichen Wucherungen, die das Wachstum und die Entwicklung der nützlichen und vorteilhaften Sache behindern. In anderen Fällen sind jedoch die Verlangen, die Sie hemmen und von Sich fern halten müssen, an sich nicht schädlich oder nutzlos. Im Gegenteil, sie können an sich sehr vorteilhaft und nützlich sein und können es tatsächlich wert sein, von anderen als dominante Verlangen angenommen zu werden; aber

IX DEN PREIS BEZAHLEN

gleichzeitig sind sie so beschaffen, dass sie ein Hindernis für Ihren Fortschritt in Richtung Ihrer selbst gewählten dominanten Verlangen darstellen.

Die Dinge können sich gegenseitig entgegenwirken und antagonisieren, ohne dass eines von ihnen schädlich oder "schlecht" an sich ist. Sie können nicht gleichzeitig in beide Richtungen einer Strassengabel reisen; noch können Sie auf einer Strasse gleichzeitig nach Norden und Süden reisen; obwohl beide dieser Wege an sich gut sein können. Sie können unmöglich gleichzeitig ein erfolgreicher Geistlicher und ein erfolgreicher Anwalt sein; wenn Sie starke Verlangen für diese beiden Karrieren haben, müssen Sie diejenige wählen, nach welcher Sie mehr verlangen, und die andere beiseitelegen. Das Mädchen mit den beiden attraktiven Freiern – der Mann mit den beiden entzückenden Geliebten – das Kind mit dem Zehncentstück, das sehnsüchtig auf die beiden verschiedenen Torten blickt – jeder muss das eine wählen und am anderen vorbeigehen und so "den Preis zahlen".

Nicht nur im vorbereitenden Prozess der Entdeckung und Identifizierung Ihrer dominanten Verlangen sind Sie aufgerufen, "den Preis zu zahlen", sondern auch in fast jedem nachfolgenden Schritt und Stadium Ihres Fortschritts im tatsächlichen Erlebnis. Es gibt immer etwas, das Sie dazu verleitet, Ihre Kraft des Verlangens "abzulenken"; einige verführerische Verlangen, die Sie vom geraden Pfad der Vollbringung weglocken. Hier werden Sie feststellen, dass es schwierig ist, "den Preis zu zahlen"; und oft werden Sie sich ernsthaft fragen, ob die durch die dominanten Verlangen dargestellten Dinge schliesslich den Preis wert sind, den Sie dafür zahlen müssen. Diese Versuchungen und Kämpfe kommen auf alle zu – sie stellen eine der Prüfungen dar, bei denen bestimmt wird, ob Sie stark sind oder ob Sie in Bezug auf Ihre Verlangenskraft schwach sind. Hier ist der eigentliche Test, ob Sie es "stark genug wollen", um Sich bereit zu machen, "den Preis zu zahlen".

Besonders schwierig zu überwinden und zu bezwingen sind jene Versuchungen, die Sie dazu bringen, Ihr Verlangen nach zukünftiger Errungenschaft zugunsten der Befriedigung gegenwärtiger Verlangen aufzugeben; oder die Sie dazu verleiten, auf die Erlangung dauerhafter zukünftiger Vorteile zugunsten vorübergehender, flüchtiger gegenwärtiger Vorteile zu verzichten. Der Versucher flüstert Ihnen ins Ohr, dass Sie dumm sind, sich mit der Magermilch der Gegenwart zufrieden zu geben, in der Hoffnung, die volle Creme von morgen zu erhalten. Der allgegenwärtige Vorschlag "Iss, trink und sei fröhlich, denn morgen sterben wir" muss mutig konfrontiert und erobert werden, wenn Sie das Ziel dessen erreichen wollen, was Ihr Verstand und Ihr Urteil sowie Ihre Selbstanalyse gezeigt haben, dass Sie wirklich über alles andere wollen. Die Gewohnheit zu sagen: "Weiche hinter mich, Satan!" muss kultiviert werden; und wenn Sie ihn hinter Sich haben, achten Sie darauf, dass er Ihnen nicht von hinten einen Stoss gibt!

Hier bestimmen Sie, ob Sie es wirklich "stark genug wollen". Der Ertrinkende hat keinen Zweifel am Wert des Luftatems. Er ist bereit, "den Preis dafür zu zahlen", egal wie hoch dieser Preis sein mag. Der Hungernde kennt den Wert der Nahrung – der Ausgetrocknete den Wert des Wassers: Sie sind bereit, "den Preis zu zahlen" und werden nicht von ihrem dominanten Verlangen abgelenkt. Der Elchbulle, der seine Gefährtin sucht, ist bereit, "den Preis" für Gefahr und möglichen Tod zu zahlen, der auf seinem Weg liegt – und man kann ihn nicht ablenken. Die Tigermutter lässt sich nicht von der Suche nach Nahrung für ihre hungrigen Jungen abbringen – sie ist bereit, den Preis für das Risiko des Lebens ohne zu zögern zu "zahlen". Wenn Sie anfangen, es in gleicher Weise "stark genug zu wollen" und nach gleicher Intensität und Beharrlichkeit zu greifen, wie sie von diesen Kreaturen ausgedrückt wird, dann werden Sie nicht zögern, "den Preis zu zahlen" – um ihn vollständig und ohne Zögern zu bezahlen; wenn sie diesen Zustand erreichen, wird der Versucher in taube Ohren flüstern.

Um den Strom der Kraft des Verlangens innerhalb der Grenzen Ihrer Kanäle des dominanten Verlangens zu halten, müssen deren Ufer von Willensstärke errichtet und in einem Zustand der Stärke gehalten werden. Der "Wille zu Wollen" muss zur Bekundung aufgerufen werden. Obwohl das Verlangen eines der grundlegenden Elemente des

Willens ist, ist es nicht alles was Willen konstituiert. Der Wille ist eine subtile Kombination aus konsequentem Verlangen und zielgerichteter Entschlossenheit. Er entspringt dem Verlangen, aber er entwickelt sich zu einer Sache, die in der Lage ist, das Verlangen durch seine Kraft des "Willens zu Wollen" zu meistern. Im Band dieser Buchserie mit dem Titel "Willens-Stärke" wird das Thema Wille in allen seinen Phasen ausführlich behandelt. Diejenigen, die sich besonders für diese Phase des allgemeinen Themas interessieren, werden auf das genannte Buch hingewiesen – es sollte sich für sie als hilfreich erweisen.

Hier folgen die drei allgemeinen Regeln, die Sie sehr sorgfältig im Zusammenhang mit dem Thema Unterbindung und Abwehr der Versuchungen widersprüchlicher Verlangen beachten sollten – jener Verlangen, die ständig auftauchen und Sie verleiten, darauf zu verzichten "den Preis zu zahlen" oder vom Pfad der Erreichung Ihrer dominanten Verlangen "abgelenkt" zu werden. Zwei dieser Regeln ähneln dem, was wir im Zusammenhang mit dem Einfluss von repräsentativen Vorstellungen auf die Kraft des Verlangens gesprochen haben.

(1) Wenn Sie sich unter Versuchung durch Ablenkung der Verlangen befinden, nutzen Sie alle Anstrengungen, um die Flamme des Verlangens Ihrer dominanten Verlangen zu nähren, durch ein erhöhtes Angebot an suggestiven Vorstellungen und mentalen Bildern, die dazu neigen, ihren Puls zu stimulieren und ihre Energie anzuregen.

(2) Vermeiden Sie gleichzeitig mit aller Kraft, die Flamme der verlockenden Wünsche mit suggestiven Vorstellungen und mentalen Bildern zu füttern, welche dieselben wecken oder anregen könnten. Im Gegenteil, weigern Sie sich achtsam und positiv, solche Vorstellungen und Bilder so weit wie möglich in Ihren Geist aufzunehmen; versuchen Sie, die Feuer solcher Verlangen auszuhungern, indem Sie ihnen den für ihren Fortbestand und ihre Unterstützung notwendigen Brennstoff vorenthalten.

Die dritte Regel beinhaltet ein anderes psychologisches Prinzip und lautet wie folgt:

(3) Verwandeln Sie die Ablenkenden Verlangen soweit möglich in Formen, die eher dem allgemeinen Trend der dominanten Verlangen entsprechen, wodurch sie in hilfreiche anstatt in schädliche emotionale Energie umgewandelt werden.

Im Falle der ersten der oben genannten Regeln neigen Sie dazu, die Energie der Ablenkungswünsche zu hemmen, indem Sie den Dominanten Verlangen zusätzliche Energie verleihen. Wenn die Aufmerksamkeit stark von den suggestiven Vorstellungen und mentalen Bildern einer starken Gruppe von Verlangen angezogen oder gehalten wird, kann sie nicht leicht von denen einer schwächeren Gruppe abgelenkt werden. Das starke Licht des ersteren neigt dazu, das letztere in einen vergleichenden Schatten zu werfen. Die Aufmerksamkeit konzentriert und hält sich fest auf einen bestimmten Satz von Vorstellungen und mentalen Bildern und weigert sich, die Nachfrage eines anderen Satzes zu akzeptieren. Halten Sie die Aufmerksamkeit mit dem vorteilhaften Satz beschäftigt, und es "wird keine Zeit" für die Betrachtung des gegnerischen Satzes haben. Mit diesen gegensätzlichen suggestiven Vorstellungen und mentalen Bildern, die aus dem Feld der bewussten Aufmerksamkeit herausgehalten werden, neigen die damit verbundenen Verlangen dazu, abzunehmen und schliesslich zu verschwinden.

Im Falle der oben genannten zweiten Regel weigern Sie sich bewusst und entschlossen, die Flamme der ablenkenden Verlangen mit dem Brennstoff suggestiver Vorstellungen und mentaler Bilder zu speisen. Stattdessen gehen Sie bewusst und entschlossen vor, diese Flamme auszuhungern. Keine Flamme des Verlangens kann noch lange kräftig brennen, wenn ihre Zufuhr von suggestivem Brennstoff von ihr abgeschnitten wird. Schalten Sie die Kraftstoffzufuhr von jedem Wunsch ab, und sie werden anfangen, an Kraft und Stärke zu verlieren. Weigern Sie sich, Ihrem Verstand zu erlauben, auf den Vorstellungen oder mentalen Bildern zu verweilen, die dazu neigen, die ablenkenden

Verlangen zu suggerieren. Wenn sich solche Vorstellungen und Bilder durchsetzen und die Aufmerksamkeit auf sich ziehen wollen, müssen Sie Ihre Aufmerksamkeit bewusst auf etwas anderes richten – vorzugsweise auf die suggestiven Vorstellungen und Bilder Ihrer dominanten Wünsche.

Die römisch-katholische Kirche erkennt offensichtlich den Wert dieser Regel an, denn ihre Lehrer weisen ihre Schüler an, die Gewohnheit zu entwickeln, ihre Aufmerksamkeit auf Gebete und bestimmte Formen von Andachtsübungen zu richten, wenn Versuchungen sie überfallen. Die Aufmerksamkeit, die auf die Andachtsübung oder Zeremonie gerichtet und festgehalten wird, wird den suggestiven Vorstellungen und mentalen Bildern des verlockenden Verlangens vorenthalten; und dementsprechend verliert letzteres an Kraft und stirbt mit der Zeit ab. Ohne den Wert des betreffenden religiösen Elements zu beeinträchtigen, können wir bestätigen, dass es sicher ist, dass die rein psychologische Wirkung eines solchen Kurses sehr vorteilhaft ist. Sie tun gut daran, das Prinzip in Ihrem eigenen Fall anzuwenden.

Im Falle der dritten oben genannten Regel verwandeln Sie die Energie des ablenkenden Verlangens in die der Verlangen, welche allgemeinen Trend Ihrer dominanten Verlangen mehr entsprechen. Auf diese Weise vermeiden Sie nicht nur die Gefahr der Interferenz und Ablenkung der ablenkenden Verlangen, sondern nutzen auch tatsächlich die Basisenergie der Kraft des Verlangens, um die Flamme der vorteilhaften Verlangen zu speisen. Hier ist das betreffende Prinzip nicht so bekannt wie die anderen Regeln; aber dieses Prinzip ist dennoch solide und kann von dem Individuum, das über genügend Willenskraft und Entschlossenheit zur Anwendung verfügt, mit bemerkenswerten Ergebnissen angewendet werden.

Als Beispiel für dieses Prinzip der Transmutation der Form der Kraft des Verlangens weisen wir Sie auf eine Tatsache hin, die wissenschaftlichen Beobachtern wohlbekannt ist, nämlich, dass die Energie sexueller Leidenschaft in Energie jeglicher Art von mentaler oder körperlicher kreativer Arbeit umgewandelt werden kann. Diese Tatsache ist auch den

Priestern und anderen bekannt, die um Rat gefragt sind von denen, die solche Leidenschaften kontrollieren wollen. Die Erklärung liegt wahrscheinlich darin, dass das sexuelle Verlangen in seiner grundlegenden Natur im Wesentlichen kreativ ist und daher auf andere Formen der kreativen Tätigkeit umgeleitet werden kann. Aber was auch immer die wahre Erklärung sein mag, es ist eine Tatsache, dass die Person, die starkes, eindringliches sexuelles Verlangen erlebt, dieses meistern und kontrollieren kann, indem sie sich an einer Form der kreativen Arbeit beteiligt, bei der die elementare kreative Energie in andere Formen der kreativen Kraft umgewandelt wird.

Beispielsweise kann man durch Schreiben, musikalische Komposition, künstlerische Arbeit oder das Herstellen und Konstruieren von Dingen die mit den Händen erschaffen werden – in der Tat durch jede Art von Arbeit, in der Dinge erschaffen, zusammengestellt, konstruiert oder in irgendeiner Weise erschaffen werden – kreativ werden. In all diesen Arbeiten wird sich herausstellen, dass der starke Impuls der eindringlichen sexuellen Leidenschaften allmählich seine Kraft verliert und dass die Person dann in der kreativen Arbeit, die sie unternommen hat, um die bisherige Form der Kraft des Verlangens zu verwandeln, ein Gefühl von neuer Energie verspürt.

Der erfahrene Arzt weiss, dass die bestmögliche Verschreibung für bestimmte Klassen von Fällen dieser Art, die ihm zur Behandlung und Beratung vorgelegt werden, die "interessante Arbeit" für Kopf oder Hände oder beides ist. Es gibt viel Wahrheit in dem alten Sprichwort, dass "Ein untätiges Gehirn die Werkstatt des Teufels ist", und das ähnliche, dass "Der Teufel für untätige Hände viel zu erledigende Arbeit findet". Dieses Prinzip kann gegen den "Teufel" eingesetzt werden, indem man einfach seine Wirkung umkehrt, indem man Kopf und Händen viel zu tun gibt.

Eine weitere Veranschaulichung dieses Prinzips findet sich im Falle der positiven Wirkung bestimmter Spiele und Sportarten – in der Tat bei fast allen Spielen, die moderat gespielt werden. Hier werden die ablenkenden und störenden Verlangen, die versuchen, einen von seinen festgelegten

Aufgaben und von der Bekundung seiner dominanten Verlangen wegzubringen, in das Interesse, Gefühl und die Verlangen des Spiels verwandelt. Das Spiel ist ein Sicherheitsventil des emotionalen Gefühls. Es dient dazu, so manches ablenkende Verlangen in die konative Energie zu verwandeln, die sich in einem interessanten Spiel ausdrückt. Dies gilt sowohl für Spiele, die rein mentale Fähigkeiten beinhalten, als auch für solche, an denen auch körperliche Fähigkeiten beteiligt sind. Baseball war auf diese Weise ein wunderbarer Gewinn für das amerikanische Volk. Golf spielt eine wichtige Rolle in der Richtung, einen "Transmutationskanal" der Energie für vielbeschäftigte Menschen zu schaffen, die unter der etwas monotonen Belastung der anstrengenden Suche nach dem Objekt ihrer dominanten Verlangen müde werden. In solchen Fällen werden nicht nur die störenden Wünsche auf diese Weise verwandelt, sondern auch die Spiele selbst geben dem Einzelnen Erholung, Bewegung und einen erholsamen Wechsel der Beschäftigung.

"Den Preis" für Ihre dominanten Verlangen zu zahlen bedeutet nicht unbedingt, dass Sie alles im Leben aufgeben müssen, was nicht wirklich betroffen ist, um die Interessen dieser besonderen Verlangen zu fördern – in diesem Fall würden Sie wahrscheinlich tatsächlich Ihre eigenen Interessen verletzen, indem Sie Ihren Interessen- und Aufmerksamkeitskreis zu stark einschränken. Die wirkliche Bedeutung der Unterlassung besteht darin, dass Sie den Preis dafür zahlen müssen, dass Sie alle Verlangen aufgeben, hemmen oder zumindest umwandeln, die sich direkt und zweifellos gegen die Verwirklichung der Ziele Ihrer dominanten Verlangen stellen und ernsthaft stören. Diesen Preis müssen Sie in der Tat bereit sein zu zahlen. In vielen Fällen können solche Verlangen in Formen umgewandelt werden, die in gewisser Weise mit der Verfolgung der Objekte Ihrer dominanten Verlangen "einhergehen" und so eher hilfreich als schädlich gemacht werden. Viele emotionale Elemente können auf diese Weise durch den Prozess der Umwandlung gerechtfertigt werden. Sie sollten über diese Frage der Transmutation nachdenken, wenn Sie von ablenkenden und störenden Verlangen bedroht werden.

Eine weitere Form der "Bezahlung des Preises" ist die der Arbeit und Tätigkeit, die das Individuum bei seiner Aufgabe, das Ziel seiner dominanten Verlangen zu erreichen, zu leisten hat. Diese Arbeit und Tätigkeit wird jedoch nicht nur durch die Ausübung der Beharrlichen Entschlossenheit des Willens geleistet, obwohl dies das aktive Element ist; es bedarf auch der Hemmung und Aushungerung der widersprüchlichen oder ablenkenden Verlangen, die darauf abzielen, das Individuum von seinen Aufgaben wegzuziehen und zu den weniger arbeitsintensiven Handlungen zu führen, und die vorerst reichere Freude und Befriedigung zu versprechen scheinen.

Der Preis, den die Männer und Frauen, die einen deutlichen Erfolg erzielt haben, fast immer zahlen, umfasst die Selbstbescheidung und manchmal sogar die tatsächliche Entbehrung in den früheren Tagen des Unternehmens; von ihnen wird eine Arbeit abverlangt, die weit über das hinausgeht, was der Verdiener zu Recht fordert, sowohl in der Höhe als auch in der Zeit; von ihnen wird Einsatz und unermüdliche Ausdauer verlangt; sie müssen unbezwingliche Entschlossenheit und hartnäckige Zielstrebigkeit "bezahlen". Es herrscht ein ständiges Aufgeben gegenwärtiger Freude zugunsten erhoffter Freude in der Zukunft. Es gibt hier die ständige Ausführung von Aufgaben, die leicht vermieden werden könnten und die wirklich von der durchschnittlichen Person vermieden werden, die aber von der Person ausgeführt werden müssen, die vom dominanten Verlangen inspiriert ist und die an der Verwirklichung des "Einen grossen Ganzen" arbeitet.

Napoleon "zahlte den Preis" in seinen früheren Tagen, als er sich weigerte, sich den leichtfertigen Bestrebungen seiner Kommilitonen in Brienne hinzugeben, und stattdessen seine Freizeit bewusst der Beherrschung der Elemente der Militärwissenschaft und -geschichte widmete. Abraham Lincoln "zahlte den Preis", als er die wenigen Bücher studierte, die er im Licht des Kamins finden konnte, anstatt sich den Freuden und Zerstreuungen der anderen jungen Männer seiner Nachbarschaft hinzugeben. Lesen sie die Geschichte irgendeines erfolgreichen Menschen und Sie werden dieses unveränderliche "Zahlen des Preises" für Studium, Anwendung, Arbeit, Selbstbescheidung, Wirtschaftlichkeit, Sparsamkeit, Fleiss und den Rest der notwendigen Dinge finden.

Täuschen Sie sich niemals mit dem Gedanken, dass Sie es vermeiden können, "den Preis zu zahlen" für die Errungenschaft der Ziele Ihrer starken Verlangen. Der Preis muss immer bezahlt werden – je grösser das Objekt der Errungenschaft, desto höher ist der dafür geforderte Preis. Aber Sie werden feststellen, dass, wenn Sie gelernt haben, wie man "es stark genug will", der Preis dann vergleichsweise einfach zu zahlen sein wird – die Sache wird dann als des Preises wert erachtet.

Wenn Sie das Gefühl haben, dass der Preis, den Sie für das Objekt Ihrer dominanten Verlangen zahlen müssen, mehr ist, als die Sache wert ist, dann stimmt etwas nicht mit der ganzen Sache. In diesem Fall sollten Sie sorgfältig "eine Bestandsaufnahme" Ihrer Gefühle machen, diese abwägen und sorgfältig vergleichen, wie wir es in unserer Betrachtung der Selbstanalyse und der Auswahl der dominanten Verlangen vorgeschlagen haben. Sie werden vielleicht feststellen, dass das, was Sie als dominantes Verlangen angenommen haben, überhaupt nicht so ist. Oder Sie werden feststellen, dass Sie es versäumt haben, ein notwendiges Element oder eine unentbehrliche Phase des dominanten Verlangens aufzunehmen. Oder, dass Sie es versäumt haben, eine etwaige Transmutation von ablenkenden Verlangen zu nutzen; oder dass Sie es versäumt haben, ablenkende Verlangen zu unterbinden oder auszuhungern. Oder vielleicht, dass Sie es versäumt haben, die Flamme Ihres dominanten Verlangens richtig zu speisen. Auf jeden Fall stimmt in einem solchen Fall etwas nicht, und Sie sollten nach Abhilfe suchen.

Während das Naturgesetz vorsieht, dass man den Preis für die Verwirklichung aller Verlangen "zahlen" muss, sieht es auch vor, dass die Verwirklichung immer den Preis wert sein muss. Wenn Sie feststellen, dass der gegenwärtige und wahrscheinliche zukünftige Wert eines Objekts Ihres Verlangens nicht den Preis wert ist, den Sie dafür zahlen müssen, dann sollten Sie die ganze Angelegenheit sorgfältig prüfen, indem Sie es aus allen Blickwinkeln und im Lichte aller möglichen

Beziehungen und Assoziationen betrachten, mit voller Überlegung über die wahrscheinlichen Folgen eines gegenläufigen Kurses und mit bedächtigem Urteil über alle alternativen Kurse. Die Unzufriedenheit kann einerseits vorübergehend und vergänglich sein, oder andererseits in ihrer Stärke zunehmen und mit Dauerhaftigkeit drohen.

Jedes Verlangen, das nach sorgfältiger Abwägung, Überlegung und Beurteilung nicht "für seinen Unterhalt zu bezahlen" scheint – seine Lagerkosten oder seine in Beschlag genommene Fläche in Ihrem emotionalen Wesens nicht wert zu sein scheint, – ist ein geeignetes Objekt für eine letzte erneute Prüfung seiner Vorzüge, eine Neubewertung seiner Punkte, um zu entscheiden, ob es behalten und für zusätzliche Stärke, Energie und emotionalen Wert gesorgt werden soll, oder ob es verworfen und abgelehnt werden soll. Der Test sollte immer sein: "Lohnt sich das wirklich – ist es den Preis wert, den ich dafür bezahlen soll; würde mich seine Verwerfung mehr kosten als seine Beibehaltung?" Der Prüfstein der Vorzüge sollte sein: "Werde ich dadurch stärker, besser und effizienter – und damit wahrhaftig und dauerhaft glücklicher?"

In der Geschichte der Philosophie finden wir viele Theorien, die sich mit der Frage der Befriedigung von angenehmen Verlangen und der Vermeidung von Schmerzen befassen – der Erlangung eines grösstmöglichen Masses und Grades an "Befriedigung des Geistes" des Individuums. Die altgriechischen Philosophen widmeten diesem Thema besonders viel Aufmerksamkeit – aber sie kamen nicht zu einem gemeinsamen Verständnis. Die Epikureer hielten fest, dass der Hauptzweck des Lebens darin besteht, die grösste Befriedigung der angenehmen Verlangen zu erlangen; die Stoiker hielten im Gegenteil fest, dass der Hauptzweck des Lebens darin besteht, Schmerzen zu vermeiden und ihnen zu entkommen. Zwischen diesen beiden Polen tobte der Gedankenkonflikt zu diesem Thema. Einige betonten die Tatsache, dass ein Übermass an Vergnügen eine Reaktion der Sättigung und sogar des tatsächlichen Schmerzes hervorruft; während selbst bei anhaltendem Schmerz ein kompensierendes Element der Resignation und der inneren Zufriedenheit spiritueller Natur zu finden ist.

Hier wie auch anderswo scheint die Wahrheit zwischen den beiden Extremen zu liegen – an der Spitze der Goldenen Mitte. "Nichts zu viel" ist das Axiom derjenigen, die die Gefahr wahrnehmen, in irgendeiner Sache zu extrem vorzugehen. Sie sind der Ansicht, dass, während die Befriedigung der angenehmen Verlangen richtig und gut ist, es dennoch ein Element des Nutzens gibt, selbst bei einem moderaten Grad an Schmerzen. Ohne Schmerz, sagen sie, gibt es keinen Kontrast, aus dem die Annehmlichkeit geschätzt wird, Die Flucht vor oder die Vermeidung von Schmerz ist doppelt angenehm, wenn die Natur des Schmerzes aus Erfahrung bekannt ist. Aber auch hier finden wir das stillschweigende Eingeständnis, dass der oberste Lebenszweck die Erlangung des Glücks – "Zufriedenheit des Geistes" – ist, nach welchem alle Lebewesen, bewusst oder unbewusst streben.

Die vielleicht praktischste aller philosophischen Theorien zum Thema der Sicherung des Maximums an Annehmlichkeit und des Minimums an Schmerz ist die folgende Theorie ohne Namen, die aber von vielen der stärksten und erfolgreichsten Menschen der Welt verfolgt wird. Diese Theorie kombiniert die Prinzipien des Epikurianismus und des Stoizismus und vermischt sie scheinbar zu einer praktischen Harmonie. Das Kardinalprinzip dieser praktischen Philosophie kann in folgendem Sprichwort zum Ausdruck gebracht werden: "Opfere die geringere Annehmlichkeit für die Grössere, unter Berücksichtigung des Elements der Beständigkeit und des Endwertes. Wenn sich herausstellt, dass ein Verlangen zu einem höheren Grad an Schmerz als an Annehmlichkeit führt, opfere es, es sei denn, es trägt zum Erfolg eines grösseren Verlangens bei; wenn es zu einem höheren Grad an Annehmlichkeit als an Schmerz führt, bewahre es, es sei denn, es neigt dazu, den Erfolg eines grösseren Verlangens zu schwächen oder zu stören."

Bei der Betrachtung des obengenannten darf man nie aus den Augen verlieren, dass das "grössere Verlangen" oder die "grössere Annehmlichkeit" aus der Befriedigung bestehen können, die sich aus der

Erfüllung der Pflicht ergibt, und aus der Praxis des rationalen Altruismus, – in der Tat tun sie das oft, denn Pflichttaten, Altruismus, Patriotismus, Selbstaufopferung für ein Ideal usw. werden nur dann vollzogen, wenn durch die Leistung oder Praxis eine grössere "Zufriedenheit des Geistes" gesichert ist, als durch den entgegengesetzten Kurs.

Wenn man also endlich anerkennt, dass man immer "den Preis zahlen muss", ist man berechtigt, die grösste Befriedigung für den gezahlten Preis zu ergreifen und sich zu weigern, emotionale Güter anzunehmen, die den für sie geforderten Preis nicht wert sind. Es ist eine "Ökonomie des Verlangens" zu beobachten, mit der das Gesetz der Kompensation dazu gebracht wird, für jede Ausgabe eine volle Rendite zu erzielen. Sie sollten immer "auf Ihre Kosten kommen", wenn Sie "den Preis zahlen", und es obliegt Ihnen, die an den Theken des Verlangens zum Verkauf angebotenen Waren sorgfältig zu prüfen. Wenn Sie feststellen, dass Sie unrentable Verlangen haben, die nicht den Preis wert sind, den Sie ständig dafür bezahlen müssen – zögern Sie nicht, sie sofort zu "verschrotten". Streben Sie zumindest danach, nur solche dominanten Verlangen zu bewahren, die es Ihnen am Ende ermöglichen, Sich selbst ehrlich zu sagen: "Es war den Preis wert, den es kostete; ich bin zufrieden!"

Zusammenfassung

Sie haben gesehen, dass Verlangen der emotionale Zustand ist, der durch den Satz "Ich will!" repräsentiert wird. Sie haben gesehen, dass "das Objekt des Verlangens etwas ist, das, für das Individuum oder für jemanden, an dem es interessiert ist, sofort oder in Zukunft, Annehmlichkeit bereitet oder Schmerz beseitigt". Sie haben gesehen, dass "Sie immer nach Ihrer grössten "Zu-" oder "Abneigung" handeln, derer Sie sich zum gegebenen Zeitpunkt bewusst sind". Sie haben gesehen, dass "das Ausmass der Kraft, der Energie, des Willens, der Entschlossenheit, der Beharrlichkeit und des kontinuierlichen Einsatzes, die ein Individuum in seinen Bestrebungen, Ambitionen, Zielen, Leistungen, Handlungen und Werken manifestiert, in erster Linie durch das Ausmass seines Verlangens nach der Erreichung der Ziele bestimmt wird – sein Ausmass des 'Haben Wollens' und 'Sein Wollens' in Bezug auf dieses Objekt". Sie haben gesehen, dass "Verlangen die Flamme ist, die den Dampf des Willens erzeugt", und dass daher Verlangen die Quelle ist, aus der alles menschliche Handeln entspringt.

Sie haben gesehen, dass die Kraft des Verlangens nicht nur direkt oder indirekt alle menschlichen Handlungen auslöst, sondern dass sie auch die Lebenskräfte in Gang setzt, die die mentalen und physischen Fähigkeiten und Kräfte des Individuums entlang von Linien entwickeln, die darauf abzielen, die dominanten Verlangen des Individuums weiter und effizienter zu bekunden und auszudrücken. Sie haben gesehen, wie die Kraft es Verlangens die Kräfte der unterbewussten Mentalität in Gang setzt um die starken Verlangen zu bekunden und auszudrücken. Sie haben gesehen, wie die unterbewussten Kräfte so wirken, dass sie für das Individuum die Dinge, Personen, Bedingungen und Umstände anziehen, die dazu dienen, dass es seine souveränen Verlangen besser bekunden und ausdrücken kann; und wie sie ebenso dazu neigen, das Individuum zu diesen Dinge, Personen, Bedingungen und Umstände hinzuziehen. Sie haben gesehen, wie die Anziehungskraft des Verlangens lautlos, in Richtung des Zwecks, welcher ihr von dem Charakter der starken Verlangen eingeprägt wurde, arbeitet, selbst dann wenn man schläft.

Sie haben die Bedeutsamkeit davon "genau zu wissen, was man will" entdeckt und gelernt, wie man dieses wichtige Wissen durch Selbstanalyse und Selektion erlangt. Sie haben die Bedeutsamkeit "es stark genug zu wollen" entdeckt und gelernt, wie man die Flamme des Verlangens nährt, damit sie heftig brennt. Sie haben gelernt, wie man den mächtigen Körper des elementaren Verlangens in Bewegung und in Gang setzt und wie man ihn durch die Kanäle der Manifestation und des Ausdrucks fliessen lässt, die Sie sorgfältig für seine Flut gebaut habt. Sie haben die Notwendigkeit entdeckt, den Preis für die Erreichung der Objekte Ihres Verlangens zu zahlen, und die allgemeinen Regeln für diese Zahlung erlernt.

Sie wurden über die gewaltige Kraft der Kraft des Verlangens die Ihrem Wesen innewohnt informiert und haben Sich mit den Gesetzen die ihre Bekundung und ihren Ausdruck lenken, sowie den Regeln sie ihre Kontrolle und Richtung regulieren, vertraut gemacht. Wenn Sie in den Geist dieser Unterweisung eingetreten sind und seinen Einfluss in die unterbewussten Tiefen Ihrer Mentalität haben absinken lassen, dann sind Sie sich der erregten Energie der Kraft des Verlangens in diesen Tiefen bereits bewusst geworden. Dann werden Sie sich als erfüllt mit einem neuen und sich entfaltenden Bewusstsein der persönlichen Kraft in Ihnen wiedergefunden haben. Dann werden sie dieses intuitive Gefühl erlebt haben, dass in Ihnen bestimmte subtile, aber dynamische Kräfte in Gang gesetzt wurden, die Sie tendenziell "stärker, besser und effizienter" machen werden.

Während Sie diese mächtigen Kräfte Ihrer Natur zu weiterer Aktivität erwecken und ihren Kanal der Bekundung und des Ausdrucks lenken, werden Sie von Zeit zu Zeit konkrete Belege und Beweise dafür erhalten, dass Sie sich auf dem richtigen Weg befinden und die richtigen Methoden einsetzen. Sie werden erstaunt sein, Beweise und tatsächliche Ergebnisse auf die unerwartetste Art und Weise und aus nie dagewesenen Quellen und Richtungen zu erhalten. Sie werden im weiteren Verlauf immer mehr erkennen, dass Sie eine der stärksten Kräfte der Natur in Gang gesetzt haben, nämlich "die Kraft der Kräfte". Schliesslich werden Sie beginnen zu erkennen, dass die sehr reale Präsenz eines dominanten Verlangens in Ihnen, das seinen Platz im "Kampf um die Existenz" erobert hat und alle Prüfungen bestanden hat, praktisch "die Prophezeiung seiner eigenen Erfüllung" ist.

X UNBEWUSSTES VERLANGEN

Keine moderne Betrachtung des allgemeinen Themas der Kraft des Verlangens wäre vollständig, ohne zumindest einen flüchtigen Hinweis auf die psychologischen Theorien und Lehren der freudschen Schule – der Schule, die im Volksmund unter dem Namen "Psychoanalyse" bekannt ist, zu nennen.

In den Lehren des Gründers dieser Schule, Dr. Sigmund Freud, von Wien, und in denen seiner Anhänger findet sich das grundlegende Postulat des "Unbewussten", d. h. eines unbewussten psychischen Elements unseres mentalen Wesens, dessen Essenz das Verlangen ist, das sich im Sinne der unterbewussten Mentalität manifestiert; dieses unbewusste Verlangen wird dafürgehalten, die Kräfte und Mächte der unterbewussten Mentalität einzusetzen, um ihre Zwecke zu verwirklichen und ihre Sehnsüchte zu erfüllen.

Freud verwendete den Begriff "Libido", um den konativen Impuls dieses Unbewussten Verlangens anzudeuten. Dieser Begriff hat jedoch für die englischen und amerikanischen Gemüter eine etwas unangenehme Bedeutung erlangt, so dass die späteren Schriftsteller in diesen beiden Ländern den Begriff häufig mit "Begierde" ersetzt haben. Aber ob es nun "Libido" oder "Begierde" genannt wird, es wird versucht, das gleiche essentielle Streben und denselben konativen Impuls des unbewussten Verlangens anzugeben; und diese Begierde, dieses Streben und der Impuls zum Handeln bilden die wesentliche Natur des unbewussten Verlangens der freudschen Philosophie.

Dr. Wilfrid Lay, einer der beliebtesten amerikanischen Vertreter der freudschen Philosophie, sagt in seinem ausgezeichneten Werk "Man's Unconscious Conflict" über die Macht des unbewussten Verlangens und seine wesentliche Natur:

"In der griechischen Mythologie sind die Titanen die Kinder von Erde und Himmel; weil sie mit den Göttern Krieg geführt haben, wurden sie in den

Golf von Tartarus geworfen, wo sie ausgestreckt darniederliegen, aber gelegentlich, wenn sie unruhig werden, schütteln sie ihre Fesseln, und lassen so sie die Erde erzittern. In jedem von uns lebt ein Titan. So wie die Titanen die rohen Naturkräfte darstellten, die später von den Göttern, die eine Ordnungsherrschaft einführten, in Unterwerfung gebracht wurden, so repräsentiert der Titan, der sich in jedem von uns befindet, die ursprünglichen Impulse des Tierlebens, die im Laufe der Jahrhunderte durch die Kraft der Gesellschaft in einen Anschein von Ordnung gebracht wurden. Aber so wie sich die Titanen in der alten Mythologie in Störungen des Gleichgewichts der Welt bemerkbar machten, so reissen die in uns allen residierenden Titanen sich manchmal los und richten in unserem täglichen Leben grossen Schaden an. Und wie die Titanen in der tiefen Grube angekettet waren und ihr Gesicht nie dem Tageslicht zeigen konnten, so werden diese ursprünglichen Lebenskräfte im Allgemeinen von den Fesseln der organisierten Gesellschaft kontrolliert und sind für die meisten Menschen so wenig sichtbar, als ob auch sie am Boden einer Grube angekettet wären. Ihre Wendungen sind jedoch nicht ohne Einfluss auf unser tägliches Denken und unsere Körperfunktionen. Der Teil unseres mentalen Lebens, von dem wir in der Regel nichts wissen, der aber einen grossen Einfluss auf unser Handeln ausübt, ist in der neueren Psychologie als das Unbewusste bekannt, und in diesem Buch bezeichne ich ihn häufig als den unbekannten Titan. * * * *

"Diese beiden Theorien – erstens, dass ein grosser Teil unseres mentalen Lebens unbewusst (unerkannt oder unerkennbar) ist, und zweitens, dass eine kreative Kraft, wie auch immer sie genannt wird, ständig alles belebte Leben antreibt – wurden gemeinsam bei der Entwicklung der Wissenschaft der Psychoanalyse verwendet. Die treibende Kraft der menschlichen Seele ist also ihr ständiges Verlangen nach Leben, nach Liebe und Handeln. * * * Der Wille zu leben, zu lieben und zu handeln, bedingt durch die Kraft, die seit unzähligen Generationen lebt, liebt und handelt, ist die einzige Quelle aller menschlichen Stärke."

So werden Sie aus der oben zitierten Aussage über Natur und Handeln des unbewussten Verlangens der Freudianer sehen, dass das grundlegende Postulat von Freud und seinen Anhängern dem von Schopenhauer, von Hartmann und anderen der in den vorangegangenen Abschnitten dieses Buches genannten Voluntaristischen Schule der Philosophie sehr ähnlich ist: Tatsächlich haben die Freudianer auf den ursprünglichen Grundlagen der eben genannten älteren Philosophen aufgebaut – letztere wiederum hatten auf noch älteren Fundamenten von Buddha, Heraklit und anderen alten Philosophen aufgebaut. In all diesen Lehren wird sich das grundlegende Postulat eines universellen Etwas, die Essenz oder der Kern der Natur, finden, dessen innerste Charakteristik ein beharrliches Verlangen ist, eine Begierde, eine Sehnsucht, ein Streben, ein Hungern, ein Dürsten, eine Bewegung in Richtung Handlung, die verspricht, "ihren Geist zufriedenzustellen". Kurz, um die von uns so oft in dieser Anweisung zitierte Figur zu verwenden, ist es "eine Kraft mit dem Verlangen zu Handeln; oder ein Verlangen mit der Kraft zu Handeln".

Die Freudianer verfolgen jedoch bei der Behandlung des unbewussten Verlangens nicht den metaphysischen Weg, sondern bevorzugen die nähere und sicherere Schnellstrasse der Psychologie. Sie betonen die Tatsache, dass im menschlichen Leben und Verhalten das unbewusste Verlangen die vorherrschende Antriebskraft ist. Sie arbeiten angestrengt daran, die verborgenen unbewussten Quellen für viele unserer vermeintlich freien, bewussten Handlungen aufzudecken; und in vielen Fällen sprechen sie sich sehr gut für die Vorherrschaft des Unbewussten aus, obwohl in anderen ihre Erklärungen und Schlussfolgerungen mehr oder weniger erzwungen oder sogar fantastisch erscheinen. Von den extremen und radikalen Theorien einiger dieser Schulen ausgehend, muss man zugeben, dass ihre Lehren eine grosse Arbeit geleistet haben, indem sie uns die verborgenen Quellen offenbaren, aus denen die Ströme des Denkens, Fühlens und Handelns fliessen, die unsere jeweiligen Persönlichkeiten ausmachen. Ebenso haben sie der Menschheit wertvolle, effiziente Methoden zur Korrektur von Anomalien und Fehlern gegeben, die sich aus den unkontrollierten Operationen des Unbewussten ergeben.

Die Freudianer werfen ein interessantes Licht auf die wahren Ursachen vieler unserer gemeinsamen Alltagshandlungen, von denen wir uns gerne vorstellen, dass wir sie aus freiem Willen und aus bestimmten bewussten Motiven durchführen. Die Lehrer zeigen uns, dass diese "bestimmten bewussten Motive" keineswegs die wirklichen Motive unseres Handelns sind; die wirklichen Motive finden sich in bestimmten weit unter der Oberfläche begrabenen und verborgenen Verlangen, Begierden, Sehnsüchten, Wünschen. Diese realen Motive sind uns oft völlig verborgen und werden nur durch Methoden der Psychoanalyse, die nach wissenschaftlichen Gesichtspunkten durchgeführt werden, offenbart.

Unsere sogenannten "Gründe" sind oft nur Ausreden oder Vorwände, die entwickelt wurden, um unsere Minds und unsere Gewissen zu beruhigen, während sich das Unbewusste Verlangen weiter manifestiert und sich durch uns ausdrückt. Ernest Jones verwendet in seinen Arbeiten, die sich mit dem Thema Psychoanalyse befassen, den Begriff "Rationalisierung", um darauf die Tendenz unsererseits hinzuweisen, unseren Handlungen, die wirklich durch die Wünsche, Verlangen und Begierden des Unbewussten verursacht und motiviert werden, einen bewussten Grund oder ein Motiv zuzuschreiben. Lay nennt auch zahlreiche Beispiele für Handlungen, "die unerklärlich erscheinen und die, wenn nicht als durch den unbewussten Wunsch motiviert begründet, auch tatsächlich unerklärlich sind ".

Freud gibt den Grundton seiner allgemeinen Theorie über den Einfluss unserer vergangenen Erfahrungen und der daraus resultierenden Gefühle auf unsere gegenwärtigen Gedanken, Gefühle und Handlungen in seiner Stellungnahme: "Wir sind, was wir sind, weil wir waren, was wir waren." Ein Schriftsteller zu diesem Thema, fügt hinzu: "Unten in der dunklen versteckten mentalen Grube des Unbewussten, die selbst wir nicht kennen, und aus der doch immer wieder Impulse entspringen und unsere Reaktionen auf das Leben beeinflussen, gibt es viele instinktive Begierden, viele antisoziale, egoistische, eifersüchtige, feindliche Gedanken. Wir müssen sie oft bewusst unterdrücken, aber viel öfter werden sie unbewusst unterdrückt. Manchmal kommt ein Ausrutscher und sie werden gegen unseren eigenen Willen enthüllt – zumindest für diejenigen, die etwas von der Funktionsweise des Unterbewusstseins verstehen – derzeit in zunehmender Zahl. "

Dr. Drysdale sagt: "Lange vergrabene und längst vergessene Erfahrungen üben weiterhin eine dynamische Kraft im Leben des Individuums aus, die seine Reaktionen und scheinbaren Motive beeinflusst. Sie sind unterbewusste Unterströmungen, die in der normalen Person gewöhnlich unterdrückt werden, aber aktiv sind. In Pausen wie Sprechfehlern, Gedächtnislücken, kann der Hinweis auf den zugrunde liegenden verdrängten Gedanken oft gefunden werden. Jede Erfahrung besitzt die Kraft, ihren Einfluss auf unser späteres Leben zu reflektieren. Keine Erfahrung geht jemals ganz verloren. Unsere gegenwärtigen Handlungen sind in hohem Masse das Ergebnis von vorangegangenen Handlungen oder Eindrücken. Es muss zugegeben werden, dass das Leben ein ständiger Konflikt zwischen unseren natürlichen Instinkten, Motiven und Verlangen und den Standards der Gesellschaft ist, in der wir uns bewegen und unser Dasein bestreiten. Wir verdrängen viele Erfahrungen, die aus Tagen der Kindheit stammen, aus der bewussten Erinnerung, aber sie lauern unbewusst im Mind. Anscheinend längst vergessen, kann es sein, dass die Erinnerung an den Vorfall jederzeit, durch ein leeres Wort oder einen flüchtigen Gedanken wiederbelebt, als störender oder antagonistischer mentaler Einfluss auftauchen wird. "

Wir werden in dieser kurzen Betrachtung der Lehre der freudschen Schule zum Thema Unbewusstes Verlangen, wie sie sich im "Unbewussten" oder Verborgenen Selbst des Individuums ausdrückt und manifestiert, nicht weiter gehen. Im Band dieser Reihe mit dem Titel "Unterbewusste Kraft" haben wir die allgemeine Lehre dieser Schule erläutert und eine sorgfältige Aussage über das gesamte allgemeine Thema der unterbewussten, überbewussten oder unbewussten Ebenen der mentalen Aktivität getroffen: Wir empfehlen Ihnen dieses Buch, wenn Sie sich besonders für diese spezielle Phase der Psychologie interessieren. Die eher technischen Merkmale des freudschen Unterrichts sind dem Gebiet und dem Umfang des vorliegenden Unterrichts fremd, und wir müssen Sie auf die speziellen Lehrbücher dieser Schule verweisen, um nähere Informationen dazu zu erhalten. Wir haben hier nur versucht, Sie darauf hinzuweisen, dass sich die freudsche Lehre in unsere allgemeine Lehre über die Kraft des Verlangens einfügt – sie dient eher dazu, unsere grundlegenden Theorien zu untermauern und unsere wichtigsten Fakten zu stützen, als dazu sie abzulehnen oder zu widerlegen.

Die besseren und praktischeren Schriftsteller und Lehrer zum Thema Freudsche Philosophie und Psychoanalyse folgen nicht dem Beispiel jener Lehrer, die die abnormalen und unangenehmen Phasen des unbewussten Verlangens hervorheben, sondern versuchen, auf die Vorteile hinzuweisen, die sich dadurch ergeben können, dass sie eine Kontrolle über das unbewusste Verlangen erlangen und dann seine Kräfte so richten, dass sie in Ihrem Interesse und nicht gegen Ihr Wohl arbeiten. Auch dies steht, wie Sie sehen werden, im Einklang mit unseren eigenen Lehren. Wir haben immer, früh und spät, von Anfang bis Ende, darauf bestanden, dass Sie der Meister Ihrer Verlangenskraft sein müssen – nicht ihr Sklave. Die Kraft des Verlangens, ob bewusst oder unbewusst, kann ein schrecklicher Meister sein; aber sobald Sie die Kontrolle über sie erlangen, wird sie zu Ihrem willigen und treuen Diener.

Besonders hilfreich und praktisch ist die Lehre von Vertretern der freudschen Philosophie über den Prozess der "Sublimierung" – den Prozess der Sublimierung der rohen und groben Verlangen in das feinere Metall, das von der kultivierten und geschulten Bewusstseinsmentalität des Individuums gebilligt wird, so wie die alten Alchemisten versuchten, die gemeineren Metalle zu Gold zu sublimieren. Die Urkraft der Kraft des Verlangens kann durch geeignete Kanäle zu höheren Ebenen der Aktivität und Leistung gelenkt werden, um in Richtung dessen zu arbeiten, was Sie "stärker, besser und effizienter" macht und was auch besser den Zwecken der Zivilisation und dem Wohl der Menschheit dient. Diese Lehre über die Sublimierung entspricht auch unserer eigenen

Lehre, wie sie in diesem Buch und anderen Büchern dieser Serie enthalten ist; tatsächlich basieren viele der in diesen Büchern dargelegten und Ihnen in dieser Anleitung vorgestellten Methoden auf genau diesem Prinzip, d. h. dem der Transmutation oder Sublimierung der elementaren Kraft des Verlangens in die höheren Formen ihres Ausdrucks.

* * * * *

In diesem Buch wurden Sie gebeten, die Tatsachen zu betrachten, die in Bezug auf die Natur, den Charakter und die Wirkungsweisen von Verlangenskraft entdeckt wurden, jener grossen elementaren psychischen Energie, von der angenommen wird, dass sie die ganze Existenz durchdringt und universell präsent ist. Analysieren Sie die Handlungen eines bestimmten oder aller Lebewesen, und Sie werden feststellen, dass die Kraft des Verlangens Sie alle inspiriert und motiviert. Ja, untersuchen Sie die Bewegungen der so genannten unbelebten Objekte der Natur, und Sie werdet selbst dort die energetisierenden Kräfte von "so etwas wie Verlangenskraft" finden. *[Anmerkung des Übersetzers und Herausgebers: eine in dieser Hinsicht interessante Lektüre sind die Bücher "Response In The Living and Non-Living (1902)" und "The Nervous Mechanism of Plants (1926)" von Jadagish Chandra Bose]*

Wenn die Natur als eine grossartige kosmische Maschine betrachtet wird – dann ist Kraft des Verlangens die Antriebskraft, die diese universelle Maschine antreibt. Wenn die Natur als lebendiger Makrokosmos betrachtet wird – dann ist Kraft des Verlangens die lebendige Antriebskraft, die sie inspiriert und ihre Aktivitäten auslöst. Aus welchem Blickwinkel auch immer die Natur betrachtet werden mag, unter welcher Hypothese oder Theorie sie auch immer untersucht werden mag, die Kraft des Verlangens wird als das Etwas oder Unmittelbare wahrgenommen, das dafür verantwortlich ist, dass "die Räder sich drehen". Das alte hermetische Axiom "Wie oben, so unten; wie innen, so aussen; wie in gross, so in klein" gilt hier: Das ursprüngliche, eingeborene, elementare, grundlegende Etwas, das wir als Kraft des

Verlangens kennen, wird als die wesentliche Antriebskraft im Individuum und im Kosmos gesehen.

In Anbetracht dieser Tatsache braucht man Sie kaum zu drängen, die Wirkungsweise dieser mächtigen Kraft zu studieren, damit Sie sie für Ihre Maschinerie des Lebens und Handelns nutzbar machen können. Wie die Gravitation oder die Elektrizität steht ihre Kraft allen zur Verfügung, die den Mut, die Intelligenz und die Ausdauer haben, sie zu beherrschen und in ihren Dienst zu stellen. Sie ist so frei wie die Luft oder der Sonnenschein; es kostet sie nichts Ihre lebenden Maschinen damit zu betreiben – nichts ausser Ausdauer und Entschlossenheit. Sie müssen sie nicht mit Energie versorgen oder ihr Energie hinzufügen: sie hat in sich selbst weitaus mehr Macht, Energie oder Kraft, als Sie jemals Gelegenheiten finden werden, um sie zu nutzen. Alles, was Sie tun müssen, ist, ihre freie Energie anzuzapfen und sie für Sich arbeiten zu lassen, in Richtung Betreibung der mentalen und physischen Maschinerie, welche Sie ihr bereitgestellt haben.

Wir bitten Sie, die folgende bemerkenswerte Aussage von Dr. Wilfrid Lay zu berücksichtigen, auf den wir Ihre Aufmerksamkeit auf den ersten Seiten des vorliegenden Abschnitts dieses Buches gerichtet haben. Apropos Kraft des Verlangens des Unbewussten, sagt Dr. Lay:

"Ich lenke Ihre Aufmerksamkeit auf die enorme Kraft des Unbewussten. Sie ist das angesammelte Verlangen in jedem von uns, nach Äonen der Evolution, die gegenwärtige Form, in jedem Einzelnen, jener Lebenskraft, die sich durch Tausende von Generationen von Menschen und Millionen von Generationen von Tieren hinter uns unsterblich erhalten hat. Sie muss für uns nichts anderes als eine Energiequelle sein, auf die wir zurückgreifen können, wenn wir sie richtig verstehen, so wie wir den Strom aus einer Dampfleitung oder einem elektrischen Draht einschalten können. Sie muss nicht zerstörerisch sein, ja, sie ist nicht zerstörerisch, ausser in den verwirrtesten Seelen, sondern, wenn wir gelernt haben, sie richtig zu handhaben, sollte sie im Gegenteil in jedem von uns, so viel und so vollständig unter unserem Kommando stehen wie die Kraft im Automobil. Wie im Automobil gibt es ein paar einfache Dinge, die wir lernen müssen, und der Rest wird vom Hersteller des Autos geliefert, und wir tun nicht gut daran herumzubasteln. Die Erfahrung, ein Auto mit einer Leistung von fünfzig Pferdestärken unter unser Kommando zu stellen (wenn es von einem selbst gesteuert werden soll), ist eine Situation, auf welche sich viele Menschen, Männer und Frauen, nicht einzulassen wollen. Und ebenso gibt es viele Menschen, die aus verschiedenen Gründen nicht bereit wären, die Kraft der fünfzigtausendsten Generation, die in ihnen wohnt, entwickelt zu haben. * * * * Diese Kraft, die bei den meisten Männern und Frauen weitgehend in den Händen des Unbewussten liegt, ist im Grunde genommen unerschöpflich, soweit das menschliche Fleisch die Belastung ertragen kann. "

Die Kraft des Verlangens ist eine kosmische Kraft, die für den kontrollierten und gezielten Einsatz des Starken entwickelt wurde. Sie steht allen zur Verfügung – aber nur wenige sind mutig und entschlossen genug, ihre Dienste in Anspruch zu nehmen. Die Massen der Menschen trödeln nur mit ihr herum, spielen mit ihr, gehen zimperlich damit um: Die Meister der Menschen greifen mutig nach ihren Steuerungshebeln und leiten ihre Kraft in ihre mentale und physische Maschinerie. Es ist eine Meisterkraft, die nur für den Dienst der Meister eingerichtet ist. Sie ist nur der rechtmässige Diener derer, deren Slogan lautet: "Ich kann, ich will, ich will; ich wage, ich tue!".

Sie können ein Meister der Kraft des Verlangens und damit ein Meister der Menschen, ein Meister der Umstände, ein Meister des Lebens sein, wenn Sie es nur sein wollen. Sie sind der Meister Ihres Schicksals – der Kapitän Ihrer Seele – wenn Sie nur die Kraft des "ICH BIN ICH" anerkennen, realisieren und bekunden, welche Ihr wahres Selbst ist, und dessen williger Diener die Kraft des Verlangens ist.

FINIS

WEITERE BÜCHER DES HERAUSGEBERS

PERSONAL POWER - Buchserie

Band I – Persönliche Kraft – Ihr Meisterselbst

Bei diesem ersten Band handelt es sich um das Destillat des Eingekochten des Geheimnisses der Persönlichen Kraft, im Sinne von "Der Fähigkeit oder Stärke des menschlichen Individuums, durch die es die erwünschten Resultate auf effiziente Art und Weise, durch physischen, mentalen und spirituellen Aufwand und Bestreben, erzielen oder erreichen kann." Es ist ein Meisterwerk der beiden Autoren, das keinerlei dogmatische Behauptungen beinhaltet, sondern den Leser dahinführt sich selbst auf praktische Art und Weise von der Richtigkeit der beinhalteten Angaben zu überzeugen. Es führt den Leser dahin, selbst zu denken, zu fühlen und seine eigenen Überzeugungen zu erarbeiten. Er hat in diesem Buch die Anleitung wie er selbst mit eigenem Effort und eigener Erkenntnis zu seinem vollen Potential heranwachsen kann. Er selbst bestimmt die Grenzen. Er wird nie damit fertig werden, weil er im Fortschritt stetig seinen Horizont erweitert und damit eine noch grössere Vielzahl an Möglichkeiten erschliessen wird. Der Autor behauptet mit recht, dass der Leser, wenn er die in diesem Buch enthaltenen Kenntnisse verinnerlicht "Nie mehr derselbe sein wird".

ISBN Taschenbuch: 978-37494-82825

ISBN E-Book: 978-37494-45462

Band II – Kreative Kraft – Ihre Konstruktiven Kräfte

In diesem Buch werden Ihnen praktische Methoden und Werkzeuge vermittelt, wie Sie Ihre Kräfte fokussieren können und wie Sie die Effektivität und Effizienz Ihres Denkens und Handelns steigern können. Wollen Sie lernen, wie Sie die Kreative Kraft, welche es Pflanzen ermöglicht Felsen zu sprengen und Asphalt zu durchdringen für sich aktivieren können? Wollen Sie lernen, wie Sie Ideale Gussformen oder Matrizen erstellen können, entlang welcher Ihre Kreative Kraft zur Realisierung voranschreitet? Wollen Sie herausfinden, "Was Genau" Sie wollen? Dann ist dieses Buch das richtige für Sie. Lernen Sie Ihre persönlichen Kräfte zu konzentrieren und auf das für Sie Wesentliche zu fokussieren. Erleben Sie aus eigener Erfahrung, wie Ihre persönlichen Dynamischen Ideale ungeahnte motivierende Energien für Sie freisetzen. Geben Sie Ihrem Leben und Ihrem Dasein Sinn. Sie sind Ursache aller Ihrer Lebenserfahrungen, ob sie es wollen, oder nicht, lernen Sie diese Erkenntnis in Ihren Dienst zu stellen. Lernen Sie Das zu verursachen, was Sie wollen, und Das nicht mehr zu verursachen, was Sie nicht wollen. Geben Sie ihrem Leben die Richtung, in welche Sie sich bewegen wollen. Kreieren Sie bewusst Umstände und Möglichkeiten. Lernen sie das scheinbar Unkontrollierbare für Ihre Interessen zu lenken und zu beeinflussen.

ISBN Taschenbuch: 978-37543-03481

PERSONAL POWER - Band I

PERSÖNLICHE KRAFT

IHR MEISTERSELBST
1922

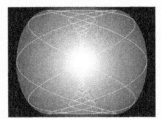

William Walker Atkinson
1862-1932
Edward E. Beals

PERSONAL POWER - Band II

KREATIVE KRAFT

IHRE KONSTRUKTIVEN KRÄFTE
1922

William Walker Atkinson
1862-1932
Edward E. Beals

PERSONAL POWER - Buchserie

Band III – Die Kraft des Verlangens – Ihre Energetisierenden Kräfte

"Sie können alles erreichen, wenn sie es stark genug wollen." Dieses Sprichwort haben Sie zumindest sinngemäss bestimmt schon oft gehört oder gelesen, nicht wahr? Was bedeutet es aber, etwas "stark genug" zu wollen oder zu verlangen? Wieviel genau ist "stark genug"? Und, wie können Sie Ihr Verlangen in diesem Sinne steigern? Antworten auf diese Fragen finden Sie zusammen mit praktischen Werkzeugen und Methoden der Anwendung in diesem Buch. Lernen Sie wie Sie regelrecht zu einer Naturgewalt werden können, welche in Ihrem eigenen Interesse wirkt. Lernen Sie wie sie Ihre Energien bündeln und multiplizieren können. Lernen Sie die Eigenschaften und Charakterzüge Ihres Verlangens kennen und wie Sie es in Ihren Dienst stellen können. Werden Sie Meister des feurigen Rennpferdes Ihrer Emotionen und lenken Sie es entlang gewünschter Pfade. Lernen Sie, sattelfest zu werden, das heisst nicht mehr von Ihren Emotionen und Verlangen aus dem Sattel geworfen zu werden. Stellen Sie die mächtige Antriebskraft Ihres Verlangens in Ihren Dienst, damit Sie unermüdlich Ihre Wünsche realisieren, Ihre Absichten erreichen, Ihre Projekte umsetzen und Ihre Sehnsüchte befriedigen können.

ISBN Taschenbuch: 978-37543-03573

Band IV – Die Kraft des Glaubens – Ihre Inspirierenden Kräfte

In vielen Büchern wird von dem Gesetz der Anziehung gesprochen. Dabei handelt es sich um die Kraft des Glaubens, die Kraft, die entsteht, wenn Sie etwas zuversichtlich erwarten. Lernen Sie Gedanken, Ideen, Menschen, Information, Umstände und die für ihre Vorhaben benötigten Ressourcen förmlich in Ihr Leben zu ziehen. Lernen Sie den Unterschied zwischen starkem und schwachem, positivem und negativem Glauben zu erkennen – und starken, positiven Glauben zu kultivieren. Bringen Sie in Erfahrung, warum Sie oft genau Das angezogen haben was sie nicht wollten, und lernen Sie wie Sie ab sofort ausschliesslich das anziehen, was Sie wollen. Erlernen Sie die Kunst der Erwartungsvollen Aufmerksamkeit und wie Sie damit mit müheloser Bemühung Ihre Absichten erreichen können. Lernen Sie den Zu-Fall zu Ihren Gunsten zu beeinflussen. Erzeugen Sie Synchronizität und Harmonie in Ihrem Leben. Stimmen Sie sich auf die Tonlage des Universums ein, um Ihre Absichten reibungslos und im Einklang mit ihrem Umfeld realisieren zu können. Machen Sie Resilienz und unerschütterlichen, zuversichtlichen Glauben zu Ihren prädominanten Charaktereigenschaften.

ISBN Taschenbuch: 978-37543-03603

PERSONAL POWER - Band III

DIE KRAFT DES
VERLANGENS

IHRE ENERGETISIERENDEN KRÄFTE
1922

William Walker Atkinson
1862-1932
Edward E. Beals

PERSONAL POWER - Band IV

DIE KRAFT DES
GLAUBENS

IHRE INSPIRIERENDEN KRÄFTE
1922

William Walker Atkinson
1862-1932
Edward E. Beals

PERSONAL POWER - Buchserie

Band V – Willensstärke – Ihre Dynamischen Kräfte

Der Wille ist der Meister Ihrer Werkzeuge, der Dirigent Ihres persönlichen Lebensorchesters. Er ist Ihr stärkster mentaler Muskel, welcher trainiert und gestärkt werden kann. Wenn Sie heute einen schwachen Willen haben, werden sie mit praktischen Methoden und Werkzeugen vertraut gemacht, mit welchen Sie Ihren Willen stärken können. Mit selbigen können Sie sich, wenn Sie bereits willensstark sind zu einem wahren Meister des Willens emporarbeiten. Sie lernen, wie Sie mittels Ihres Willens über die Fokussierung Ihrer Imagination das Verlangen dazu anregen können, Sie zum Handeln zu bewegen. Ebenso lernen sie auch das Geheimnis des Willens zu Wollen. Sie lernen Effektivität, Qualität und Geschwindigkeit Ihrer Entscheidungsfindung massiv zu steigern. Sie werden die geduldige Entschlossenheit des Tigers, der in zuversichtlicher Erwartung seiner Beute auflauert, kennen lernen und in Ihrem Leben anwenden. Sie lernen jederzeit zielgerichtet geistesgegenwärtig zu sein und ihre erwartende Achtsamkeit hartnäckig, unerschütterlich, willensstark, geduldig aufrecht zu erhalten um jede sich öffnende Gelegenheit entschlossen und ohne Zögern wahrzunehmen. Sie lernen, wie ein Meister an den Toren des Lebens anzuklopfen und zu gebieten, dass ihnen aufgetan wird.

ISBN Taschenbuch: 978-37543-03641

Band VI – Unterbewusste Kraft – Ihre Geheimen Kräfte

Der weitaus grössere Teil Ihres Lebens wird von Ihrem Unterbewusstsein, ihren Gewohnheiten, Reflexen und ihrem menschlichen Instinkt gemeistert. Wenn unser Bewusstsein alles das, was unser Unterbewusstsein für uns regelt übernehmen müsste, wäre es nur schon mit der Aufrechterhaltung der gewöhnlichen Körperfunktionen masslos überfordert. In diesem Buch werden Sie damit vertraut gemacht, wie Sie die mächtige und allgegenwärtige Kraft ihres Unterbewusstseins noch gezielter für sich arbeiten lassen können. Sie werden zur Erkenntnis der Tatsache gelangen, dass es sich bei Ihrem Unterbewusstsein um einen zielsicheren Erfolgsmechanismus handelt, der bei einer bestimmten Eingabe unfehlbar zu einem bestimmten Ergebnis führt. Sie lernen, wie sie Falscheingaben, die zu unerwünschten Ergebnissen führen überarbeiten können und wie Sie Ihr gesamtes Wesen in gewünschte Richtung Automatisieren können. Ausserdem lernen sie Vertrauen in diese Zielsicherheit aufzubauen und wie sie weitere ungeahnte Fähigkeiten des Unterbewusstseins nutzen können. Sie lernen die Kräfte ihres Intellekts mit denjenigen Ihrer Intuition zu verbinden um damit in allem, was Sie tun, effektiver und effizienter zu werden. Sie lernen die Kunst der mühelosen Bemühung.

ISBN Taschenbuch: 978-37543-03658

PERSONAL POWER - Buchserie

Band VII – Spirituelle Kraft – Die Unerschöpfliche Quelle

Wenn Sie das Prinzip dieses Buches verstanden haben und es ernsthaft anwenden, werden sie sich durch die dadurch erzielten Resultate selbst von seiner Realität überzeugt haben. Sie werden Erkennen, dass sie unerschöpfliche Kraft zu Verfügung haben, i.e. Alle-Kraft-Die-Es-Gibt. Sie werden erkennen, dass eigentlich all ihr Bestreben aus dieser Energiequelle bestromt wird. Ausserdem werden Sie erkennen, dass Sie nie mehr ratlos sein werden, weil sie die Antworten auf alle ihre Fragen in sich tragen. Sie werden lernen die Realität der Ihnen innewohnenden Allmacht und Allwissenheit zu erkennen und zu bekunden. Sie werden den markanten Unterschied aus eigener Erfahrung erkennen, der zwischen dem Zustand konstanter Verbundenheit mit dieser Kraft und dem gegensätzlichen Zustand der Ignoranz aufgrund von Angst, Hass, Gier und Eigendünkel besteht. Das Prinzip der Anwendung funktioniert, egal ob sie die zugrundeliegende Wahrheit anerkennen wollen oder nicht und Sie werden Sich aufgrund der erzielten Resultate selbst davon überzeugen können, vorausgesetzt, dass sie aufrichtig und mit Ernsthaftigkeit vorgehen. Mit dieser Kraft als Grundlage können Sie alles erreichen, was Sie sich wünschen, nichts steht ihnen im Wege. Gleichzeitig stellen Sie sicher, dass sie alles, was sie erreichen, in Harmonie und Einklang mit ihrem Umfeld erlangen.

ISBN Taschenbuch: 978-37543-03672

Band VIII – Gedankenkraft – Radio-Mentalismus

In diesem Buch wird ihnen der aktive Aspekt der Gedanken nähergebracht. Wie in der Elektrizität, der Mechanik und der Fluiddynamik funktioniert die Kraft der Gedanken nach eindeutig erkennbaren Mustern und Gesetzmässigkeiten. Vieles, was in der Schwingungslehre gelehrt wird ist auch für Gedankenkraft war. Es werden Ihnen Werkzeuge und Methoden vermittelt, mit welchen sie den Strom der Gedankenkraft regeln, steuern, hemmen, anregen, blockieren oder fördern können. Sie werden mit den grundsätzlichen praktischen Funktions- und Wirkungsweisen der Gedankenwellen und der Radioaktivität der Gedanken vertraut gemacht. Form und dynamisches Verhalten wird ihnen ebenso erläutert, wie der aktive Einfluss der Gedanken auf andere Menschen, Dinge und Umstände. Sie lernen, wie Sie ihre eigene Gedankenatmosphäre aufbauen, aufrechterhalten und vor ungerechtfertigtem Zugriff schützen können. Die Fähigkeit die konkrete Wirkungsweise der Gedanken visualisieren zu können wird Ihren Einfluss erheblich anheben, und den Einfluss anderer auf sie stark hemmen oder ganz blockieren. Lernen Sie diese nicht neuen aber dennoch wenig bekannten Aspekte der Gedanken kennen. Sie werden über die Wirkung erstaunt sein.

ISBN Taschenbuch: 978-37543-03696

PERSONAL POWER - Buchserie

Band IX – Wahrnehmende Kraft – Die Kunst der Beobachtung

Lernen Sie den markanten Einfluss kennen, den die Kraft der Wahrnehmung auf unser Leben hat. Allein das Realisieren, dass ein jeder in seiner individuell wahrgenommenen Erlebniswelt lebt und die Welt und sein Umfeld als solche ausschliesslich über die Kanäle der Wahrnehmung kennen lernen kann und kennt, bewirkt einen grundlegenden Paradigmenwechsel. Die Fähigkeit, ganz im Moment zu verweilen, vollständig auf das konzentriert zu sein, was gerade geschieht, ohne den Gedanken zu erlauben "abzuwandern" wird Ihre Leistungsfähigkeit massiv steigern. Ein aktiver Zuhörer und geistesgegenwärtiger Beobachter hat nur schon aufgrund dieser Fähigkeit klare Vorteile gegenüber einer Person, welche dieser Fähigkeiten entbehrt. Lernen Sie wie sie Ihre Wahrnehmende Kraft sowohl fokussiert auf Details als auch peripher in der Wahrnehmung des Gesamten zu steigern. Lernen sie durch willentliches Lenken und dem gezielten Verweigern Ihrer Aufmerksamkeit, unerwünschten Dingen gänzlich den Zugang zu Ihrem Leben zu unterbinden und allem gewünschten die Tore weit zu öffnen. Lernen Sie wie sie Kraft der Wahrnehmung Ihr Erinnerungsvermögen massiv steigern können.

ISBN Taschenbuch: 978-37543-03702

Band X – Logisches Denkvermögen – Praktische Logik

Dieses Buch vermittelt Ihnen die Grundsätze der Psychologie des praktischen logischen Denkvermögens. Es erläutert Ihnen die Naturgesetze der Praktischen Logik. Es liefert Ihnen die Anleitung, um Ihre Erfahrungen systematisch zu klassifizieren und zu ordnen, damit Sie diese zum effizienten logischen Schlussfolgern wiederverwenden können. Es hilft Ihnen vollständiger und bewusster zu Verstehen. Sie werden mit den üblichen Fehlern des unlogischen Denkens vertraut gemacht und lernen so, Spitzfindigkeiten, Vorurteile, sinnlose Diskussionen ohne praktischen Wert und Irreführungen durch falsche Schlussfolgerungen zu entlarven und zu vermeiden – sowohl bei sich selbst als auch bei anderen. Das ernsthafte Studium dieses Buches wird sie zweifelslos stärker, besser und effizienter machen. Kurz es hilft Ihnen, einen unvoreingenommenen, gesunden Menschenverstand zu entwickeln, zu kultivieren und zu stärken. Lassen Sie sich von diesem "trockenen Thema" nicht abschrecken. Dieses Buch ist wie alle anderen dieser Reihe ganz praxisorientiert und verfällt nicht den praxisfremden Theorien der Formellen Logik, die im Studium der Höheren Mathematik vermittelt werden.

ISBN Taschenbuch: 978-37543-03719

PERSONAL POWER - Band IX

WAHRNEHMENDE KRAFT

DIE KUNST DER BEOBACHTUNG
1922

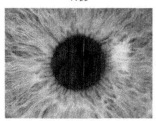

William Walker Atkinson
1862-1932
Edward E. Beals

PERSONAL POWER - Band X

LOGISCHES DENKVERMÖGEN

PRAKTISCHE LOGIK
1922

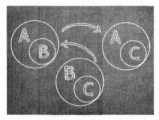

William Walker Atkinson
1862-1932
Edward E. Beals

PERSONAL POWER - Buchserie

Band XI – Charakterstärke – Positive Individualität

Ihr derzeitiger Charakter ist Resultat von Vererbung, Umfeld und Willensarbeit und, wie es oft irrtümlicherweise angenommen wird, nicht in Stein gemeisselt, sondern praktisch uneingeschränkt veränderlich. Lernen Sie, wie Sie – Ihr Meisterselbst – mit Ihrem Willen als Hammer und Amboss, ihren Charakter nach Belieben formen und schieden können. Lernen Sie Ihren Charakter situationsbedingt und ausgewogen anzupassen, die einzelnen Eigenschaften zu steigern oder zu reduzieren, so, wie sie die Register eines Equalizers verändern, um den Klang der abgespielten Musik anzupassen. Sie werden lernen, dass es keine "schlechten" Charaktereigenschaften in diesem Sinne gibt, sondern, dass jede Eigenschaft zwei Extreme, i.e. ein Defizitär-Negativ und ein Exzessiv-Negativ, hat und dass sich die positive Norm, Umfeld- und Situations-bedingt, irgendwo im Bereich der Mitte befindet. Mit diesem Buch erhalten sie eine detaillierte Anleitung, wie Sie Ihren Charakter gemäss Ihren Wünschen durch wiederholte Willenshandlungen überholen können, um Ihrer Lebensaufgabe und Ihren Absichten optimal zu entsprechen. Willkommen in Ihrem persönlichen Charakter-Building Studio!

ISBN Taschenbuch: 978-37543-03726

Band XII – Regenerative Kraft – Vitale Verjüngung

Dieses Buch vermittelt Ihnen vergessen gegangenes Wissen über die Wirkungsweisen Ihrer generativen und regenerativen Lebenskräfte. Sie werden in die Geheimnisse der Lebensenergien, die Ihren Körper durchströmen eingeweiht. Sie werden lernen, wie sie diese nicht nur generativ zur Fortpflanzung oder zur Arterhaltung nutzen können, sondern auch regenerativ zur Selbsterhaltung und Verjüngung. Des Weiteren werden Sie mit der Transmutation Emotionaler Zustände und Lebensenergien in alternative Kanäle des Ausdrucks vertraut gemacht. Sie lernen Ihre kreative Kraft, Ihre physische Leistungsfähigkeit und Ihre charismatische Ausstrahlung aus ihrer Lebensenergie zu bestromen. Die praktische Umsetzung dieses Buches erfordert ein ausserordentliches Mass an Selbstdisziplin, das sie nur dann erreichen können, wenn sie auch die anderen Bücher dieser Serie verinnerlicht und umgesetzt haben. Insbesondere ist dazu die Realisierung ihres Meisterselbst und das Training ihrer Willenskraft unabdingbar. Waren sie schon einmal verliebt und beflügelt? Ja? Setzen Sie dieses Buch in die Tat um und energetisieren Sie sich in ebendiesem Ausmass.

ISBN Taschenbuch: 978-37543-03740

PERSONAL POWER - Band XI

CHARAKTER STÄRKE

POSITIVE INDIVIDUALITÄT
1922

William Walker Atkinson
1862-1932
Edward E. Beals

PERSONAL POWER - Band XII

REGENERATIVE KRAFT

VITALE VERJÜNGUNG
1922

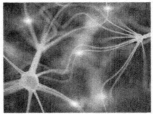

William Walker Atkinson
1862-1932
Edward E. Beals

PERSONAL POWER – Sammelband I-XII

Ein umfassendes Werk zu allen Aspekten der Persönlichkeitsbildung. Ein 100 Jahre alter Klassiker und ein Must-Have für jeden Studenten der Mentalen Fakultäten und der persönlichen Psychologie. Aufgrund des erlangten tieferen Verständnisses nach dem Studium dieser Bücher erhalten selbst andere Werke in dieser Richtung eine tiefere Bedeutung.

Der Sammelband beinhaltet alle 12 Bände der Personal Power Serie:

Band I   Persönliche Kraft – Ihr Meister Selbst

Band II   Kreative Kraft – Ihre Konstruktiven Kräfte

Band III   Die Kraft des Verlangens – Ihre Energetisierenden Kräfte

Band IV   Die Kraft des Glaubens – Ihre Inspirierenden Kräfte

Band V   Willensstärke – Ihre Dynamischen Kräfte

Band VI   Unterbewusste Kraft – Ihre Geheimen Kräfte

Band VII   Spirituelle Kraft – Die Unerschöpfliche Quelle

Band VIII Gedanken-Kraft – Radio-Mentalismus

Band IX   Wahrnehmende Kraft – Die Kunst der Beobachtung

Band X   Logisches Denkvermögen – Praktische Logik

Band XI   Charakterstärke – Positive Individualität

Band XII Regenerative Kraft – Vitale Verjüngung

ISBN Taschenbuch: 978-37543-03764

PERSONAL POWER

SAMMELBAND I-XII

William Walker Atkinson
Edward E. Beals

MIND POWER – Das Geheimnis Mentaler Magie

Das Werk MIND POWER – The Secret Of Mental Magic, welches 1912 von William Walker Atkinson verfasst wurde und nun erstmals in Deutscher Sprache verfügbar ist, entspricht gewissermassen dem Eingekochten aller seiner Erkenntnisse und ist damit Pflichtlektüre eines Jeden, der sich für das Thema Gedankenkraft interessiert.

Sie werden schrittweise mit den der Gedankenkraft zugrundeliegenden mentalen und physischen Gesetzen vertraut gemacht und lernen diese in ihrem Alltag anzuwenden. Sie werden lernen, wie sie sich vor mentalen Einflüssen schützen können und wie sie sich selbst durch Autosuggestion, Visualisierung und Handeln zu einem Dynamischen Individuum wandeln können – zu einem Menschen, der klare Ziele hat, diese entschlossen verfolgt und in seinem, mit Glück und Erfolg bereicherten Leben, die Hauptrolle spielt.

ISBN Taschenbuch: 978-37460-79981

ISBN E-Book: 978-37460-02620

MIND POWER
Das Geheimnis Mentaler Magie

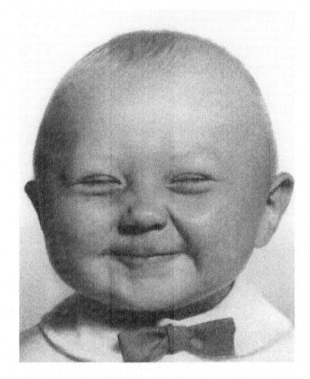

William Walker Atkinson

DENKEN UND HANDLE AUTOAMTISCH RICHTIG!

Das Innere Bewusstsein – Ein Kurs von Lektionen über die inneren Ebenen des Bewusstseins, Intuition, Instinkt, automatische ... wundervolle Phasen von mentalen Phänomenen.

Die heutige Zeit ist geprägt von Schlagworten wie: Autonomes Fahren, Autopilot, Automatisierung, Robotik, und vielen Mehr in dieser Richtung. Wäre es Da nicht interessant uns darüber in Kenntnis zu setzen, wie wir unseren eigenen Autopiloten einsetzen und programmieren können? Wie wir ganze Armeen von Bediensteten in unserem Unter- und Überbewusstsein mit gezielten Aufträgen für uns arbeiten lassen können? Wollen Sie herausfinden "Wie es der HERR den seinen im Schlaf gibt?". Dieses Sprichwort wird oft belustigend angewandt, beinhaltet aber eine Wahrheit über die Wirkungsweise unseres "Mind", welche von eminenter Wichtigkeit ist. Studieren Sie dieses kleine Buch und lernen Sie wie Sie mit gezieltem und deutlich geringerem Aufwand wesentlich mehr erreichen können und das praktisch im Schlaf.

ISBN Taschenbuch: 978-37460-99347

ISBN E-Book: 978-37460-20778

DENKE UND HANDLE AUTOMATISCH RICHTIG!

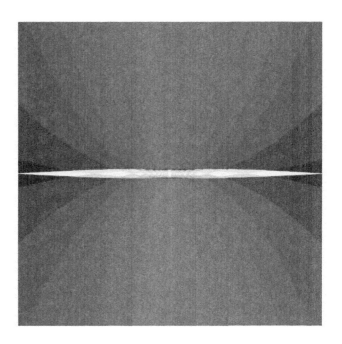

William Walker Atkinson